国家出版基金项目
NATIONAL PUBLICATION FOUNDATION

“喜马拉雅深处的面孔”
民族口述影像志

喜马拉雅的原居客

——夏尔巴人口述影像志：2005—2016

范久辉 / 著

西南交通大学出版社
· 成都 ·

图书在版编目（CIP）数据

喜马拉雅的原居客：夏尔巴人口述影像志：2005-2016 / 范久辉著. -- 成都：西南交通大学出版社，2024.10
（“喜马拉雅深处的面孔”民族口述影像志）
国家出版基金项目
ISBN 978-7-5643-9793-7

Ⅰ. ①喜… Ⅱ. ①范… Ⅲ. ①夏尔巴人－民族历史－2005-2016－摄影集 Ⅳ. ①K350.8-64

中国国家版本馆 CIP 数据核字（2024）第 075015 号

国家出版基金项目
“喜马拉雅深处的面孔”民族口述影像志
Ximalaya de Yuanjuke：Xia'erbaren Koushu Yingxiangzhi：2005-2016
喜马拉雅的原居客：夏尔巴人口述影像志：2005–2016

范久辉　著

出　版　人	王建琼
策划编辑	易伯伦　张慧敏
责任编辑	吴启威
责任校对	左凌涛
书籍设计	曹天擎
出版发行	西南交通大学出版社 （四川省成都市金牛区二环路北一段 111 号 西南交通大学创新大厦 21 楼）
营销部电话	028-87600564　028-87600533
邮政编码	610031
网　　址	http://www.xnjdcbs.com
印　　刷	四川玖艺呈现印刷有限公司
成品尺寸	170 mm × 240 mm
印　　张	26
字　　数	330 千
版　　次	2024 年 10 月第 1 版
印　　次	2024 年 10 月第 1 次
书　　号	ISBN 978-7-5643-9793-7
定　　价	98.00 元

凡例

一、本书图片中没有特别标注摄影者的，都为范久辉所摄。

二、对书中图片的解释有两种，一种只写图片说明，即为范久辉根据相关资料与采访总结而成；另一种是在有口述者的情况下，即为范久辉采访此人后整理而成的文字。

三、口述者个人资料附于书后。

目录

第一章
喜马拉雅深处的夏尔巴秘境：陈塘

在西藏日喀则市的中尼边境上，在被重重叠叠的高峰巨壑隔阻着外界文明的喜马拉雅秘境深处，生活着一群独特的人群——夏尔巴人。他们世居深山老林，过去几乎与世隔绝，在漫长而复杂的历史进程中，始终顽强地保持着独具特色又神秘的传统文化。

夏尔巴人，Sherpa，藏语意为“来自东方的人”，又能被解释为“留下来的人”。一部分夏尔巴人不认同把自己归属为藏族，而是希望被识别为单一民族。如今陈塘镇夏尔巴人的“中华人民共和国居民身份证”上，其民族一栏写的是“其他”。

日喀则市的定结县陈塘镇、聂拉木县樟木镇立新村及雪布岗村等地是中国境内夏尔巴人主要定居点。这些定居地的地理位置都位于珠峰山脚下，大体介于北面西藏高原和南面尼泊尔山地平原之间，这里海拔较低，气候温暖，雨量充足，原始森林密布。2013 年时，樟木镇共有 502 户 1806 人，其中夏尔巴人 1442 人；定日县绒辖乡的夏尔巴人近千人；陈塘镇共有 476 户 2120 人。2016 年陈塘镇共有 513 户 2387 人，其大部分为夏尔巴人，是中国境内夏尔巴人口数最多的乡镇。

中尼边境上的秘境陈塘

陈塘镇距拉萨市738千米，距日喀则市区384千米，距定结县城150千米，镇政府所在地纬度：北纬27°86′，经度：东经87°41′，海拔高度约为2522米。1989年，陈塘被划入珠峰自然保护区。如今它处在保护区的核心区内，喜马拉雅山脉中段南坡，珠峰东南侧的原始森林地带里；东南与尼泊尔接壤，北接定结县日屋镇，西临定日县曲当乡。

陈塘镇所辖的6个行政村分别是那塘村、藏嘎村、比塘村、沃雪村、萨里村及修修玛村，其人口绝大部分都为夏尔巴人。

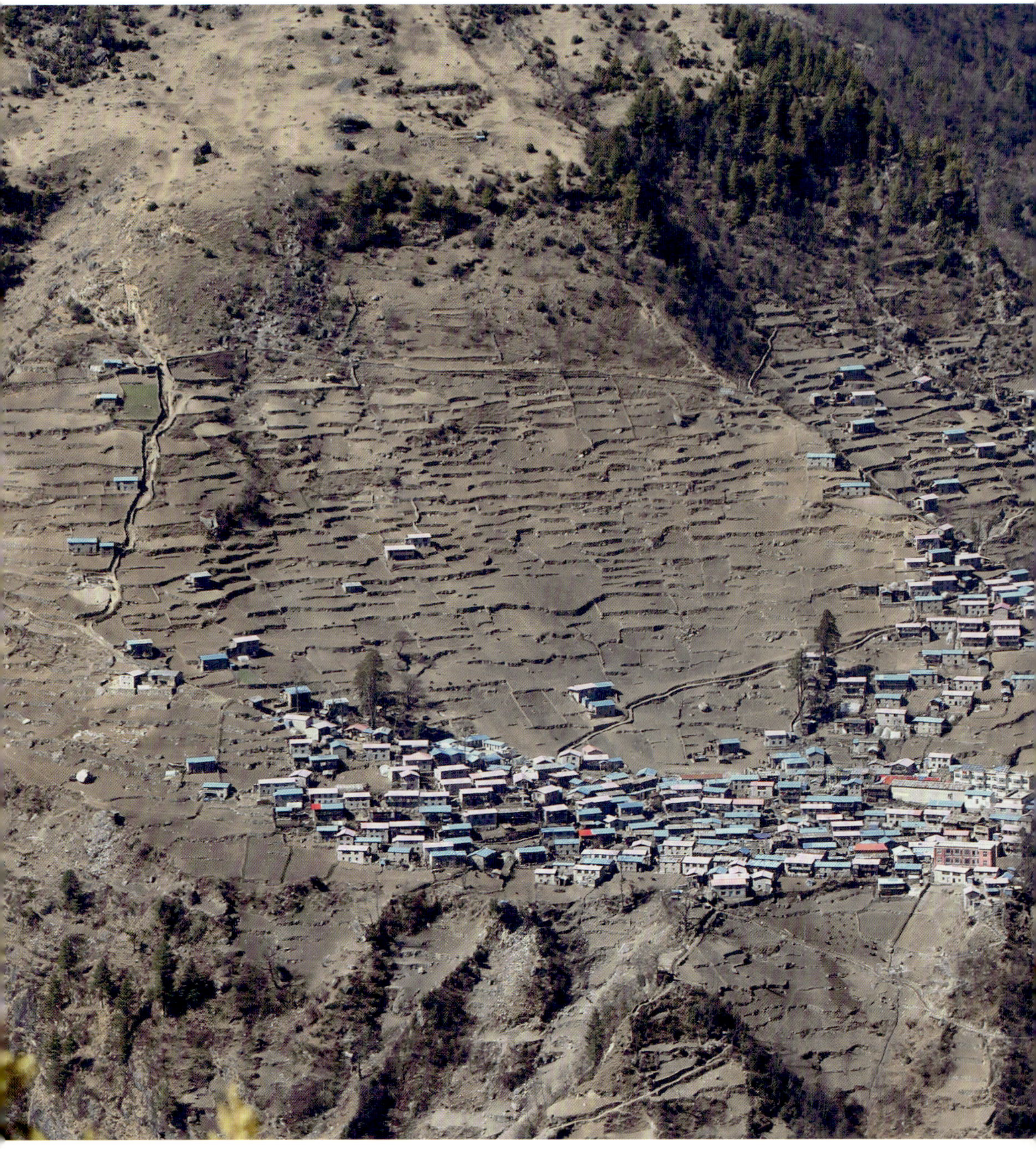

【照片档案 001】

图片说明：陈塘镇全景

拍摄时间：2015 年 2 月

拍摄地点：藏嘎村木如塔瓦山口

【照片口述】

在政府的宣传资料里，对“陈塘”是这样解释的：“陈”之意为运输，“塘”之意为坝，合并之意为“运输之坝”。在《西藏地名》[1]中，“陈塘”的注释是：“乡名。属定结县。位于县驻地西南。意为引导坝、指引坝。汉字曾译陈堂，又曾写龙堆。”尼泊尔人多以“龙堆”来称呼陈塘。

1 武振华：《西藏地名》，中国藏学出版社 1996 年版，第 71–72 页。

【照片档案 002】

图片说明：家徒四壁的夏尔巴人

拍摄时间：2005 年 6 月

拍摄地点：陈塘镇

口述者：多吉平措

【照片口述】

夏尔巴谚语是这样说的："陈扎陈扎，即巴即将。"意思为"陈塘呀，就是个一模一样的地方"。以前陈塘就是一个平均主义的社会，没有差别的，以前大家在一起劳作，一起生活，穿的也一样，吃的也一样，再努力再辛苦劳作，收获都很少，所有人吃穿都不够用，所以大家都没有多大差别，这就是陈塘的意思。另一种版本的解释是祖先"爷爷"甲本嘎玛因打猎而偶然发现了陈塘这片风水宝地，因为实行"原始的共产主义"，大家没有身份与贫富的差距，所以人们把这风水宝地命名为"陈塘"，即平均的意思。

【照片档案 003】

图片说明：陈塘镇及村落
拍摄时间：2015 年 12 月
拍摄地点：尼泊尔基玛塘卡村

【照片口述】

陈塘镇总面积为 254.55 平方千米，该地海拔在 2200 米到 5500 米，山谷陡峭，河流湍急，其地形为东西走向，地貌主要为峡谷。受印度洋暖湿气流影响，这里形成亚热带山地季风气候，无霜期年均在 200 天左右，雨量充足，年均降雨量在 1000 毫米以上，年温差相对小，年均气温 13.76 摄氏度，年极端最低气温 1 摄氏度，空气污染指数基本趋于 0[1]。

1 数据源自定结县政府 2010 年提供的资料。

【照片档案 004】

图片说明：雪中陈塘
拍摄时间：2015 年 2 月
拍摄地点：陈塘镇

【照片口述】

1989 年，陈塘被划入珠峰自然保护区。如今它处在保护区的核心区内、喜马拉雅山脉中段南坡、珠峰东南侧的原始森林地带里；东南与尼泊尔接壤，北接定结县日屋镇，西临定日县曲当乡。境内气候宜人，景色迷人，是一个野生动植物的天然王国，有很多的诱人之处。

【照片档案 005】

图片说明：对外来者感到好奇的夏尔巴小女孩

拍摄时间：2010 年 5 月

拍摄地点：陈塘镇

【照片口述】

陈塘镇居民绝大部分为夏尔巴人。1980 年陈塘镇共有居民 166 户，1080 人。2002 年共有居民 310 户，1628 人，其中藏族 4 人。2003 年共有 326 户，1701 人，其中男 821 人，女 880 人，夏尔巴人占总人口的 98.77%。据陈塘镇政府 2010 年提供的数据，2010 年陈塘镇总户数 422 户，2062 人。2013 年总户数 476 户，2120 人。2015 年其总人口数已经达到 2270 人。2016 年，有 513 户，2387 人。

【照片档案 006】

图片说明：陈塘镇北面的那贡扎西拉雪山

拍摄时间：2015 年 2 月

拍摄地点：藏嘎村木如塔瓦山口

【照片口述】

陈塘镇四面都被密密麻麻的大山所围绕，其中有四座大山最高。东面是亚云山，沃雪村与比塘村就在它的山体内；南面为达喇拉雪山，是中尼的界山；西是勃比拉山，也是中尼的界山；北面是那贡扎西拉山，山下有神湖切姆措。这些大山如层层叠叠的莲花花瓣，陈塘镇就像莲花的花蕊，既享受着大山的呵护，又承受着大山带来的种种闭塞和不便。

【照片档案 007】

图片说明：“挂”在半空的陈塘镇

拍摄时间：2005 年 6 月

拍摄地点：藏嘎村木如塔瓦山口

【照片口述】

图中左侧小河为嘎玛藏布，右侧大河为朋曲藏布。发源于希夏邦玛峰的朋曲藏布、珠峰东坡的嘎玛藏布及从定结县日屋镇流淌而下的拿当曲是陈塘镇境内最主要的三条河流。

【照片档案 008】

图片说明：与陈塘镇一水相隔的尼泊尔基玛塘卡村

拍摄时间：2015 年 12 月

拍摄地点：尼泊尔基玛塘卡村

口述者：尕米

【照片口述】

陈塘镇与尼泊尔接壤，边境线长 12 千米，有 21 个国界界桩，5 个山口通往尼泊尔。边民之间的“摩擦”也时有发生。基玛塘卡村是尼泊尔离陈塘最近的村落。在陈塘解放以前，尼泊尔的土匪小偷经常光顾陈塘，掠夺或偷窃夏尔巴人的牛羊等牲畜，当时的西藏政府对此毫无作为。解放后，陈塘有了驻军，类似的事情就再也没有发生了。

【照片档案 009】

图片说明：中尼边境上的陈塘
拍摄时间：2015 年 2 月
拍摄地点：藏嘎村木如塔瓦山口

【照片口述】

图中间的峡谷里流淌着嘎玛藏布，它是中尼边境上的一个天然分界线，左侧的村庄为基玛塘卡村，右侧即是陈塘镇。当地居民形容陈塘是“绒堆博次”[1]。陈塘以北的藏族也以“绒”或“绒巴”来称呼陈塘及陈塘的夏尔巴人，陈塘人也会自称为“绒巴”；而尼泊尔人称陈塘为“绒堆”或“龙堆”，称陈塘人为“绒堆巴”。

朋曲藏布、嘎玛藏布及拿当曲这三条河所流经之处，也是陈塘夏尔巴人在古时最主要的放牧、狩野、采集、耕作的场所，并产生了许多美丽动人的传说故事。

1 张国英：《珠穆朗玛峰东南麓陈塘藏族及其宗教习俗》，参见《民族学研究》，1986 年，第 293–300 页。

【照片档案 010】

图片说明：中尼 69 号界碑

拍摄时间：2010 年 5 月

拍摄地点：乌布其中尼友谊桥

【照片口述】

据定结县提供的资料：因中尼界桩受到破坏，1967 年 6 月 12 日，依据《关于修界桩一事的紧急通知》，由定结县驻军的负责人、县委干部和警卫队共 90 人组成的修复界桩组于 6 月 20 日在日屋边防部队集中，6 月 29 日到达陈塘，7 月 26 日与尼方会晤，8 月 3 日完成重树 71（1）界桩一个和巡视附近 65、66、67、68（两个）、69（两个）、70（三个）、71（2）等 11 个界桩的任务，8 月 5 日签署纪要，8 月 7 日撤离陈塘。

【照片档案 011】

图片说明：修缮乌布其中尼友谊桥的尼泊尔人

拍摄时间：2010 年 5 月

拍摄地点：乌布其中尼友谊桥

【照片口述】

乌布其中尼友谊桥位于陈塘镇山脚下的嘎玛藏布上，尼泊尔人来到陈塘经商、放牧、探亲、务工等，大多数是经过它后再通关的。虽说它是两国之间的通道，可是在以前却十分简陋，桥面宽不到 1 米。几条粗木材架在嘎玛藏布上，再铺上些木板，就是“国际通道”了。每年的 5—6 月份，就会有尼泊尔的夏尔巴人给桥上加上护栏，为即将到来的“放牧”季节做准备。

【照片档案 012】

图片说明：比塘村的参根加姆组
拍摄时间：2015 年 2 月
拍摄地点：藏嘎村木如塔瓦山口

【照片口述】

乌布其桥两端立有中尼 69 号界碑，但其实这并不是真正意义上的两国边境。过桥之后，是比塘村狭长的参根加姆组。它与尼泊尔基玛塘卡之间有一条小溪涧，有 68 号界碑，这才是真正的中尼边境。

【照片档案 013】

图片说明：乌布其桥头的扇形地貌
拍摄时间：2010 年 5 月
拍摄地点：陈塘镇
口述者：尕米

【照片口述】

站在乌布其桥头上，望向陈塘，会发现山体很奇特，两边的山脊围着一个扇形的山谷。传说古代的乌布其桥下有个水怪，当行人尤其是妇女通过此桥时，水怪就向桥上喷水，行人因此站立不稳掉进河里后，它就出其不意地把人吃掉。有个会飞的洛本法师宗巴旺久听闻后，就特意扮成妇人从桥上经过，在水怪喷水时，他飞了起来，然后在空中用刀把水怪的头砍了下来。水怪的尾巴因疼痛而剧烈摇摆，打向山体，所到之处，岩石崩裂，最后形成了这个奇特的扇形地貌。如今这里的平坦之处都被开发成耕地，造福陈塘老百姓。

【照片档案 014】

图片说明：藏嘎村到乌布其桥的路
拍摄时间：2015 年 12 月
拍摄地点：藏嘎村

【照片口述】

由于规划设计的陈塘中尼通商口岸设在藏嘎村，至 2017 年藏嘎村到乌布其桥的路还是一条仅供人徒步通过的土路。陈塘镇到乌布其桥已经修成水泥台阶路。

【照片档案 015】

图片说明：来陈塘采购的尼泊尔商人

拍摄时间：2010 年 5 月

拍摄地点：藏嘎村

【照片口述】

除了少数探亲访友与过境放牧者，更多的尼泊尔人是来陈塘进行边境贸易的。尼泊尔基玛塘卡村到他们的县城——堪得巴日县至今还不通公路，要走五至六天的路程。所以一水相隔、物资丰富的陈塘自然是他们首选的采购地。然而在以前，堪得巴日县不但是陈塘夏尔巴人的采购点及打零工的地方，甚至日屋镇的藏族人也会赶着牛羊，到那里去换粮食及打工。

【照片档案 016】

图片说明：收购尼泊尔药材
拍摄时间：2010 年 5 月
拍摄地点：乌布其中尼友谊桥
口述者：尼玛

【照片口述】

尼泊尔人人背畜驮，把尼泊尔的药材、手工打制的工艺品及生活生产器皿、手工缝制的服装、各种珠宝及黄牛、犏牛等商品带到陈塘出售，换回去的是大米、青稞、盐巴、拉萨啤酒、服装、方便面、建材、五金制品等。

虽然尼泊尔的卢比在陈塘也能通用，但人民币才是交易中的“硬通货”。虽然地处偏远，但陈塘的商人也能神奇地准确掌握卢比与人民币的汇率。

【照片档案 017】

图片说明：来陈塘采购服装的尼泊尔商贩

拍摄时间：2015 年 2 月

拍摄地点：乌布其中尼友谊桥

【照片口述】

据介绍，乌布其中尼友谊桥只允许双方边民在周三和周六这两日进行通关和互市贸易。要进入陈塘的尼泊尔人，必须有尼泊尔签发的“*one-day pass*”（一日通行证），才能通关。而且因为是“一日通行证”，所以只能在当日的早上 8 点到晚上 8 点在陈塘境内进行贸易，不能留宿。

【照片档案 018】

图片说明：尼玛桑姆（右）与从尼泊尔过来探亲的妹妹

拍摄时间：2013 年 7 月

拍摄地点：陈塘镇

口述者：尼玛

【照片口述】

陈塘镇与基玛塘卡村隔河相望，中尼两国之间的通婚在此并不罕见。我的老婆尼玛桑姆是距陈塘徒步两天路程的尼泊尔堪得巴日县塘木区乡的人，也属于阿龙河流域的“斯巴瓦龙部门”地方。尼玛桑姆在陈塘贩卖尼泊尔手工打制的金银首饰时，我认识了她，觉得她不错，于是在我狂热的追求下，她就半推半就地嫁给了我。结婚后，她在家中继续贩卖产自尼泊尔的金银首饰及其他饰品、手表、弹弓、廓尔喀弯刀等工艺品。

她的手机开通国际漫游，她经常与尼泊尔家人通电话，他们的话我听不太懂。

【照片档案 019】

图片说明：在嘎玛沟放牧的尼泊尔夏尔巴人

拍摄时间：2005 年 6 月

拍摄地点：嘎玛沟奈桥

【照片口述】

虽然嘎玛藏布两岸陡峭险峻，原始森林密布，但还是有一些零星的草地。按惯例，每年都有一些尼泊尔堪得巴日县基玛塘卡村的夏尔巴人赶着牛羊过来放牧。2009 年，有近 50 人，总数 1000 多头的牲畜在嘎玛藏布两岸跨国放牧。当时，陈塘镇向放牧者征收牲畜食草费，一头牛 10 元，一只羊 2 元。这也算是一个“国际贸易”的特例。

【照片档案 020】

图片说明：打酥油茶的尼泊尔夏尔巴小男孩

拍摄时间：2005 年 6 月

拍摄地点：嘎玛沟晓乌米

【照片口述】

小伙子来自尼泊尔基玛塘卡村，与爸爸及哥哥弟弟一起在晓乌米放牧。这个放牧点上只有他们一家人。弟弟只会光着脚在地上跑来跑去。他是一个面目清秀、白净又羞涩的小男孩，穿着一双明显偏大的雨靴。他见我们来了，就搬出一个锅，倒上热热的清茶，再放一点酥油，然后用双手夹着一个分叉的树枝，放在锅内不停地来回“搓”，搅拌，不一会儿，香喷喷的酥油茶就打好了。

【照片档案 021】

图片说明：合影

拍摄时间：2015 年 12 月

拍摄地点：尼泊尔基玛塘卡

【照片口述】

多年来我一直对面目清秀又羞涩的这个尼泊尔夏尔巴小伙子念念不忘。2015 年，机缘巧合，我终于在尼泊尔的基玛塘卡村找到了他。他已经是两个孩子的父亲，高个子，大长腿，背微驼，黑脸上已有沟壑了，头戴褪色的线帽。他还记得我，只是他“闰土”式的改变让人唏嘘不已。

【照片档案 022】

图片说明：放牧点上的姐弟
拍摄时间：2005 年 6 月
拍摄地点：嘎玛沟晓乌米附近

【照片口述】

这对姐弟也是尼泊尔基玛塘卡村人。放牧点设在一个山洞里。可能大人出去放牧，山洞中只有姐弟俩在。姐姐脸上虽然脏，但掩不住清秀。她站在酥油桶旁不停地在打酥油，弟弟则手上紧紧抓着唯一的零食——烤土豆，睁大眼睛吃惊地瞪着我。

弟弟要吃烤土豆，姐姐为他剥好土豆皮，再给弟弟，然后她就吃土豆皮上仅剩的一点点土豆。她们住在一个小山洞中，不知道什么是“电”，什么是“学校”，什么是“玩具”，靠从几只牛羊上提取出来的酥油维持着穷困的生活。

【照片档案 023】

图片说明：马帮商人索朗旺加

拍摄时间：2005 年 6 月

拍摄地点：嘎玛沟萨基塘

【照片口述】

虽然在嘎玛沟放牧的尼泊尔夏尔巴人比较贫困，但是也会有商品需求。索朗旺加是定日县曲当乡优帕村的村民，他赶着几头牦牛，驮着一些商品与嘎玛沟沿途的牧民进行以货易货的商业活动。他的商品是一些大的编织袋、盐巴、塑料布、酒等日用品，而尼泊尔牧民用来交易的是牧场中产的酥油，大家各取所需。

索朗旺加很注重打情感牌，他见到所有人都是先摸出一瓶青稞酒，喝了酒再谈生意，甚至见到陌路人的我，也是如此。他背后的简易帐篷，以塑料布为顶，半人高的石墙木栏杆为壁，大小不过 10 余平方米，坐落在牛粪满地、蝇虫飞舞的一片乌黑的平地上。这就是他简易的家。

珠峰东坡下的陈塘

对于生于珠峰东坡山脚、以珠峰周边为最重要的生存圈的陈塘夏尔巴人而言，对珠峰的情感自然是最朴素、最炙热、最虔诚的。

当地广泛流传的珠峰与莲花生大师的传说也是十分有意思的。莲花生大师，亦称“乌金大师”或“莲花生大士”，8世纪印度僧人，应吐蕃赞普赤松德赞的邀请入藏传播密法，并修建了西藏第一座“佛法僧”俱全的藏传佛教寺院桑耶寺。莲花生大师被后世藏传佛教宁玛派尊称为“祖师”。他也是吐蕃王朝“师君三尊”中的轨范师。“咕汝仁波切”“乌金白玛炯乃”等也是莲花生大师的称谓。

关于莲花生大师的故事，陈塘夏尔巴人的传说是：莲花生大师进藏后，来到了珠峰，他看到夏尔巴人生存区域环境恶劣，冰天雪地，植被稀少，而且妖魔鬼怪横行，人们苦不堪言。莲花生大师大发慈悲，于是飞到天上，运用无边的法力从天上洒下三朵神花。它们落到珠峰的周边区域，化为神山巨石；然后他在这些地方分别闭关了三年三月零三天，并且降妖伏魔，让冰雪融化，万物生长，于是这些地方风调雨顺，形成高海拔地区罕见的宜人气候。这三个地方如今被尊为“圣地”。在它们的周边，分别流淌着三条“圣河”，滋养着流域上的人民，被称为“三圣地三条河”。三圣地有两处位于我国境内：珠峰北坡的“绒布上寺”及位于珠峰东塘的“次久”神山，其对应的“圣河”为扎曲藏布及嘎玛藏布。

在西藏和平解放前，陈塘归卡达溪卡[1]管辖，需向它支差。卡达溪卡位于如今的定日县曲当乡优帕村境内，也位于珠峰东坡脚下。古时从卡达溪卡出发，有多条小径通向陈塘，如今很多成了热门的户外徒步路线，如徒步嘎玛沟、徒步珠峰东坡，等等。

1 溪卡类似于封建庄园，有权向属民收取税收和要求支差。

【照片档案 024】

图片说明：珠穆朗玛峰

拍摄时间：2010 年 5 月

拍摄地点：珠峰北坡大本营

【照片口述】

珠穆朗玛峰（珠峰）是喜马拉雅山脉的主峰，位于中国与尼泊尔边境上，它的北部在中国西藏定日县境内。北坡在定日县的扎西宗乡，东坡在定日县的曲当乡，南部在尼泊尔境内。按 2005 年中国国家测绘局测量的数据，珠穆朗玛峰的岩面高为 8844.43 米。珠穆朗玛峰是世界最高峰，也是中国跨越四个县的珠穆朗玛峰自然保护区与尼泊尔国家公园的中心所在。

1921 年，英国探险家 C.K. 霍华德－伯里先生率领英国远征队（珠峰）成员，首次尝试攀登珠穆朗玛峰，到达海拔 7000 米处，并确定了北侧登山路线。他在西藏期间，也考察了卡达溪卡、嘎玛沟及陈塘。

【照片档案 025】

图片说明：代表珠峰的日觉伦布朵玛

拍摄时间：2017 年 3 月

拍摄地点：陈塘镇

口述者：米玛

【照片口述】

在陈塘很多仪式上都要制作这个代表珠峰的日觉伦布朵玛。它用白色面粉制作而成，呈四面金字塔形，塔身上划着横着的刻痕，一般是五条及七条刻痕，放在一个小圆盘之上。

日觉伦布的四面象征着珠穆朗玛峰的四方，每面的颜色与材质都不同：东面是白色的藏银，南面是黄色的铜山，西面是红色的金子，北面是绿色的绿松石，山中布满各种珍宝，用三根顶端插着酥油团的竹枝来表示。四个面所形成的四个对角，代表着源自珠穆朗玛峰的四条河流——嘎玛藏布、朋曲藏布、扎曲藏布及在尼泊尔境内纳堪巴隆地区的秋曲瓦河。

【照片档案 026】

图片说明：绒布上寺
拍摄时间：2010 年 5 月
拍摄地点：珠峰北坡大本营

【照片口述】

珠峰下的三圣地中，一个在珠峰的北侧，是珠峰北坡登山营地“绒布寺”上方的“绒布上寺”，它也叫“杂绒布”，意为“石坡”，它位于现在的绒布寺南面 3 千米处，靠近珠峰。与新寺相比，杂绒布寺就像片被人遗忘的死角。在旅游旺季，每天从它旁边经过的人与车熙熙攘攘，可是来到寺院的人却寥寥无几。

从绒布上寺流下来的是扎嘎藏布，它流经扎西宗地方后汇入朋曲藏布，经原先的卡达溪卡与陈塘后，流入尼泊尔。该河在尼泊尔被称为“阿龙河”。

【照片档案 027】

图片说明：绒布上寺
拍摄时间：2010 年 5 月
拍摄地点：绒布上寺
口述者：阿旺洛丹

【照片口述】

绒布上寺寺内下方有山洞，相传此处为莲花生大师的闭关修行洞，莲花生大师在此闭关了三年三月零三天。闭关洞的洞口很小，钻进去后，才发现别有洞天。一代又一代的僧侣前赴后继地在这里闭关修行，长明的酥油灯把洞壁熏得漆黑。洞里的主供佛是莲花生大师。

我来自距绒布寺几十千米的珠峰第一乡——扎西宗乡，是这里唯一的僧人。我 42 岁出家后，就一直守着这石室，与珠峰为伴，至今已有 18 年了（截至 2010 年）。

【照片档案 028】

图片说明：次久神山

拍摄时间：2016 年 9 月

拍摄地点：嘎玛沟

【照片口述】

次久神山的山形像半颗橄榄，完美又突兀地耸立在雪山之间，不知是叫巨石还是石山合适。对于所有的陈塘夏尔巴人来说，“次久”这个名字并不陌生。相传那里出产一种特殊的石头，若能找到它，能一夜之间暴富，发大财。所以去那里找这种石头，是不止一个夏尔巴人对我述说的梦想。

为什么那里能有奇石呢？相传那是因为神山是莲花生大师加持过的。只是陈塘至次久的路途不便，健步如飞的陈塘夏尔巴人单程至少也要走三天，所以大家也只是说说，没见到谁特意去寻找宝石的。

【照片档案 029】

图片说明：巴当营地
拍摄时间：2016 年 9 月
拍摄地点：嘎玛沟

【照片口述】

次久圣地坐落在珠峰东坡的巴当营地[1]的上方。对应的圣河是其下方的嘎玛藏布。印度洋暖气流沿阿龙河流域上溯，过陈塘沿着嘎玛藏布上溯，最终到达巴当营地；受此暖气流的影响，虽然海拔从 2200 米上升到 4350 米，但是这一路上树木葱郁，原始森林茂密，雪鸡在林下觅食，猴子在林间嬉戏，羚牛在山间奔跑，而且 365 天每天都有不同的鲜花盛开。夏尔巴人说所有这些美好事物都是莲花生大师赐予的。

1 巴当营地位于嘎玛藏布的上游，海拔约 4350 米，为珠峰东坡下的一个露营点，再往上为高山牧场。

【照片档案 030】

图片说明：眼睛湖
拍摄时间：2016 年 9 月
拍摄地点：嘎玛沟
口述者：拉巴

【照片口述】

从巴当营地到次久，也会经过一些“圣迹”。次久所在的山体上，横亘着一条长达几千米的林木带。其品种与周边的树木品种不一样，能比较明显地看出它形成的细窄长条像哈达一样在山体间飘荡，这就是传说中堪卓玛（汉语译作“空行母”）献给莲花生大师的哈达。再往上走，在山坳中有一个小湖，其两侧的颜色不同，一侧白色，一侧蓝黑，俗称“眼睛湖”。

【照片档案 031】

图片说明：次久神山下的牧民

拍摄时间：2016 年 9 月

拍摄地点：次久神山

【照片口述】

次久神山下有父子俩在此放牧，他们住在黑帐篷里，基本上与世隔绝。父亲是曲当乡优帕村的村民。他对莲花生大师天降三朵神花形成了“三圣地三条河”的说法与夏尔巴人有点不一样。他说，除了次久与尼泊尔的纳·堪巴龙地方的两个圣地，第三个圣地应是在“哲木宗”，具体的地址有可能在珠峰西边的吉隆县。但他所述的莲花生大师在珠峰北坡与珠峰东坡之间降伏女魔的传说与夏尔巴人的一致。莲花生大师在绒布寺闭关修行时，发现了女魔的踪影，女魔见势不妙，于是往珠峰东坡方向逃窜，快到朗巴拉[1]山口时，莲花生大师射出一支箭，射死了女魔，并把她的躯体压在朗巴拉山下，令她万世不得作祟出来害人。

1 经过朗巴拉山口到达尼泊尔是中尼传统通道之一，山上有为防御尼泊尔军队而修筑的工事，周边有众多莲花生大师降伏女魔的印记。

【照片档案 032】

图片说明：次久神山下的修行洞

拍摄时间：2016 年 9 月

拍摄地点：次久神山

口述者：拉巴丹增

【照片口述】

在椭圆形的山体下面，有一个巨大的山洞。莲花生大师与曼达拉瓦、堪卓·益西措杰及五位堪卓玛一起在次久闭关修行，只是五位堪卓玛住在次久神山的下面，而莲师三人住在次久神山里的这个闭关洞中。他们一共在次久闭关修行了三年三月零三天。在此放牧的老人也这样认为：莲花生大师是与包括曼达拉瓦与堪卓·益西措杰在内的七位明妃一起在次久神山闭关修行的。

【照片档案 033】
图片说明：次久寺
拍摄时间：2016 年 9 月
拍摄地点：次久神山

【照片口述】

莲花生大师在修行洞内建有寺院，被火灾毁坏后，前几年曲当乡的村民自发集资重建该寺。寺院分成上下两室，下室佛龛上的主供佛是莲花生大师，为一片雕刻精美的玛尼石刻。上室主供着莲花生大师、无量寿佛及四臂观音，皆为泥塑造像，把它们运到这里，想必也花费了不少心思。

【照片档案 034】

图片说明：次久神山的神水

拍摄时间：2016 年 9 月

拍摄地点：嘎玛沟

口述者：拉巴

【照片口述】

这个绝壁之中喷出两道清泉，传说分别是曼达拉瓦与堪卓·益西措杰留下的。喝了这个泉水，相传可祛病、求子、延年益寿。绝壁中挂着许多哈达，那是信众供奉的。有很多信众，尤其是曲当乡的信众，他们会赶着牦牛，带上大小不一的各种水壶，走上一两天，专程来此取水带回去。

【照片档案 035】

图片说明：卡达溪卡的宗本与夫人
拍摄时间：1921 年
拍摄地点：卡达溪卡
拍摄者：C.K. 霍华德 - 伯里

【照片口述】

英国探险家 C.K. 霍华德 - 伯里（C.K.Howard-Bury）先生在其 1922 年出版的《珠峰考察》[1]（*Mount Everest, the Reconnaissance,1921* [2]）一书中，记录了他们从卡达溪卡经嘎玛沟到达陈塘的经历。

在书中，作者也介绍了这张相片的产生过程：我们去宗本家做了一次官方的拜见，他做了很好的准备迎接我们，搭起了一个大大的中国式帐篷，里面的地毯上、桌子上都放满了鲜花，我们到了以后便吃了一顿丰盛的大餐，一碗接着一碗的面条和肉，还有一些腌制的萝卜与辣椒放在我们面前。吃完饭后，我建议给宗本及他年轻的妻子拍几张照片，她戴上了自己最精美的头饰，上面有珊瑚和珍珠，头上另一边还佩戴着一些假发。

1 此书没有中文版。
2 1978 年 9 月 26 日起，中国政府公布的珠穆朗玛峰的正式英译名为“Mount Qomolangma”。

【照片档案036】

图片说明：定结县曲当乡
拍摄时间：2016年10月
拍摄地点：曲当乡优帕村
口述者：多布吉

【照片口述】

卡达溪卡位于定结县曲当乡的优落村。我是溪卡最后一任秘书“冲英”的后代，出生在优落村的隔壁优帕村，今年67岁（2016年）。据老一辈的老人说，卡达溪卡至今已经有130年的历史，1960年溪卡的主人逃到尼泊尔境内的邦多地方后，就再也没有收过陈塘税金了。收税官向陈塘收缴的各种税收主要是麝香、蜂蜜、动物的皮毛及当地的农产品等实物。他可以抽取税收的20%作为报酬。

【照片档案 037】

图片说明：卡达溪卡遗址
拍摄时间：2016 年 10 月
拍摄地点：曲当乡优落村
口述者：多布吉

【照片口述】

西藏和平解放前，从陈塘到定结县的山路并不通畅，但由于卡达溪卡是陈塘的“上级管理部门”，所以这两地之间的交流也较为频繁。我还记得小时候有陈塘夏尔巴人来卡达溪卡支差的场景，据说那时还有几个陈塘人在此学习藏语的。

卡达溪卡原来的规模比较大，基本上占据了整个优落村。现在的遗址格局已被当地村民侵占，破坏严重。

【照片档案 038】

图片说明：嘎玛藏布上的两国边界，无人值守的奈桥

拍摄时间：2016 年 9 月

拍摄地点：嘎玛沟

口述者：刘光福

【照片口述】

我们工作队进驻陈塘后，发现当时的敌情特别复杂。陈塘的老百姓虽然不多，但叛匪回窜情况还是比较复杂。我们通过工作队发动群众，宣传党的政策，在几个月中查出陈塘参加叛匪活动的就有七十余人。他们帮叛匪组织搜集我方情况，叛匪组织每月给其报酬，相当于人民币 70 元一个月。我们对这些人耐心细致地做思想工作和党的政策教育后，大部分人员都金盆洗手了，仍有屡教不改者，但毕竟是个别人，时间长了，都被改过来了。有的人很早逃到国外，家属住在境内，他们看到地方政策确实好，陈塘群众享受着开天辟地以来从未有的很多优惠政策，都逐步从国外回到家里来了。

【照片档案 039】

图片说明：陈塘镇
拍摄时间：2010 年 5 月
拍摄地点：藏嘎村

【照片口述】

《珠峰考察》大致是这样描绘陈塘的："在嘎玛藏布和阿龙河的汇合点附近，我们爬上了 1200 英尺以上的梯田，这里还有一个村庄叫绒堆（Lungdo）。阿龙河上游的大悬崖变成了一个相当大的峡谷，往上走 20 英里，可以直达卡达溪卡。阿龙河穿过一个窄窄的峡谷，但是在几英里处河谷变宽了，并有几个村庄。不久后又进入另一个悬崖——头人很友好，当地的政府官员也在这里，他们刚从卡达过来。他们认出我们来，还给了一些蜂蜜蛋糕作为礼物。"

绒堆是尼泊尔人对陈塘的称呼，从 C.K. 霍华德－伯里先生的描述中可以看出，陈塘有头人，并且居住在陈塘；陈塘归卡达溪卡管理，但具体的管理方式不详。

【照片档案 040】

图片说明："琅觉"泉眼
拍摄时间：2017 年 2 月
拍摄地点：陈塘镇
口述者：陈乃文

【照片口述】

1980 年夏至 1981 年秋，我与张国英先生受中国社会科学院的委托，在日喀则地区进行民族学调查时，也到陈塘进行过调查。当时陈塘只有一户人家自认为是夏尔巴人，其他的都认为自己是藏族。

我们带着县里开具的介绍信，在向导的带领下，骑马、徒步走了近一个星期才到达陈塘。由于山路太窄，容易发生危险，所以骑马的时候并不多，大部分的行程都只能徒步。

那时的陈塘，是以泉水为主要生活水源。村庄野狗成群。有一个泉眼叫"琅觉"，藏在几棵葱郁的神树下，有棵白玉兰花正在盛开，香气馥郁。如今清泉依旧长流，神树葱郁，只是白玉兰树找不见了。

【照片档案 041】

图片说明：陈塘镇政府
拍摄时间：2010 年 5 月
拍摄地点：陈塘镇

【照片口述】

陈塘于 20 世纪 80 年代被撤区改乡：经西藏自治区人民政府藏政发〔1984〕82 号文件批准，新建立了陈塘乡人民政府。陈塘建乡工作是在地委、行署的关怀和县委的直接领导下进行的。1984 年 12 月 23 日，县组派的建乡工作队进驻陈塘区，开展建乡工作。根据陈塘区的实际情况，于 1985 年 2 月 23 日完成陈塘区建立乡人民政府的工作任务，达到了预期的目的。当时的建乡工作分四个阶段。

第一阶段：培训骨干，制定计划，组织学习文件，宣传发动群众，大造声势，历时 5 天。

第二阶段：进一步宣传党的政策，教育发动群众，调查摸底，进行

人口和选民登记，历时 25 天。

第三阶段：实施方案，建立乡政权，分别召开选民大会、人民代表大会、群众大会，历时 15 天。

第四阶段：全面总结建乡工作，整理建乡工作的实施方案，会议记录、各种表格和干部成员名单等分类立卷归档。妥善解决善后工作，历时 8 天。

1989 年陈塘被划入珠峰国家自然保护区，2002 年撤乡设镇。设立镇政府后，在政府周边新建的住宅增多，整个村落的布局有了大的变化。现在陈塘镇的布局可以说是以镇政府为中心，向两侧延展的布局。若爬上对面的高山，当陈塘镇的全貌一览无余地展现在眼前时，你会发现它像一只展翅而飞的巨大雄鹰，镇政府就在鹰眼的位置。

【照片档案 042】

图片说明：霞乌拉山口

拍摄时间：2016 年 10 月

拍摄地点：定日县曲当乡

口述者：多布吉

【照片口述】

从卡达溪卡出发，经过措拉、桑结拉、霞乌拉[1]、朗玛拉等山口，有多条小道通往嘎玛沟、陈塘及尼泊尔，这些山口上都修有防御工事。霞乌拉山口上如今保存下来的防御工事只有一条长约 70 米、高约 1.5 米、宽不足 1 米的石墙，及附近两个长宽约 5 米的烽火台。这是西藏军民为了抵抗尼泊尔军队的入侵而修筑的，传说当年的战斗激烈，血流成河，以至于山石全被染红，所以当地人都称这里为“血长城”。

【背景资料】

霞乌拉山石中的红色并不是鲜血所染成的。那是在特殊的地理气候条件下，在岩石表面生着一种罕见的红色苔藓。

尼泊尔的廓尔喀部族分别于 1788 年及 1791 年入侵西藏。第一次战役清军失利后，西藏地方政府接受屈辱条件与尼方议和；第二次，清军重创廓尔喀军队。

霞乌拉是《西招图略》[2]中记载的重要关隘，其《量敌篇》云：“廓尔喀本不耐寒，向者两次入寇皆在夏月，若至仲秋则无能为矣。故辛亥年伊之入寇者，遁回约有二千人；经过喀达（卡达）之霞乌拉山遇雪，冻死者千四五百；其得回巢者仅有数百。”

1 由卡达溪卡通往嘎玛藏布的一个交通要道，如今多写为“晓乌拉”。
2（清）松筠：《西招图略》，西藏人民出版社 1982 年版，第 12 页。

【照片档案 043】

图片说明：嘎玛沟风光
拍摄时间：2016 年 9 月
拍摄地点：嘎玛沟

【照片口述】

C.K. 霍华德－伯里对从嘎玛沟到陈塘一路上的风光赞不绝口，只是作者一定想不到，他在《珠峰考察》一书中关于嘎玛沟的描绘，现在已然成了嘎玛沟的宣传语：“世界上最美的山谷”。书中大致是这样描绘的：“现在我们很后悔离开嘎玛沟，我们去过很多喜马拉雅的河谷，但是没有哪一个比得上嘎玛沟。它的美景和植被都是最令人难忘的。我们不会轻易忘记长满着龙胆根植物微笑的草地，以及生长在冰峰边沿的山花和被冰雪覆盖的道路，还有从森林边斜坡流下来的冰川。”

【照片档案 044】

图片说明：萨基塘

拍摄时间：2016 年 9 月

拍摄地点：嘎玛沟

【照片口述】

“萨基塘”是嘎玛藏布上的一处原始森林，藏语意为：“为萨迦寺供奉资粮的平坝子”。这正好说明萨基塘与萨迦寺的关系。相传萨迦寺大殿的“四大名柱”都是产自这片原始森林，包括直径 1.5 米的柱子。萨迦的“四大名柱”的传说很神奇，分别是“猛虎柱”（相传该柱由一只猛虎负载而来）、“野牦牛柱”（相传该柱由一野牦牛用角顶载而来）、“忽必烈柱”（相传是忽必烈所赐）、“墨血柱”（相传是海神送来的流血之柱）。

这些传说排除“神性”之后，应是说这四大柱的粗壮、长度达到令人“不可思议”的地步吧。

【照片档案 045】

图片说明：那贡扎西拉山口
拍摄时间：2016 年 10 月
拍摄地点：那贡扎西拉山口
口述者：拉巴

【照片口述】

从卡达溪卡出发，沿优帕村、的瑟措、萨嘎、切姆措、那贡扎西拉等地，骑马两天就能到达陈塘，这是古代卡达溪卡官员们常走的路线。沿途野生动物如獐子、岩羊、雪鸡很多，在禁猎以前，这些地方也是陈塘夏尔巴人传统的狩猎区域。

有的夏尔巴人会把用坏了的锄头、镰刀、柴刀等工具带到山口上，以敬奉神灵。哈达也是路过的人挂的，用来祈求神灵保佑。

【照片档案 046】

图片说明：切姆措

拍摄时间：2016 年 10 月

拍摄地点：切姆措

口述者：拉巴

【照片口述】

切姆措是这两天行程中第一天休整的地方，也是陈塘夏尔巴人的神湖，只是交通不便，很少有人特意过来朝拜。当地人严禁往湖中吐口水，也不能在湖中洗脸、洗脚，倒不干净的物品。

切姆措的周边有很多天然的牧场，在夏天的时候，修修玛村的村民会把牛羊赶过来，让它们吃得饱饱的。

【照片档案 047】

图片说明：切姆措山洞
拍摄时间：2016 年 10 月
拍摄地点：切姆措
口述者：拉巴

【照片口述】

切姆措湖边上有个天然形成的山洞，可供十多个人休息打尖。由于第二天要翻的山太高，连牦牛都爬不过去，所以卡达溪卡的官员们第二天要把所骑的马寄放在切姆措周边，然后再徒步走到陈塘。

【照片档案 048】

图片说明：山洞中的“拉则”
拍摄时间：2016 年 10 月
拍摄地点：切姆措
口述者：拉巴

【照片口述】

在切姆措山洞中，有个简易的神台，插着几根竹枝，上面挂着哈达、羊毛经幡等，它叫“拉则”，是敬奉给切姆措及地域神的。

【背景资料】

“拉则”从字面意义上可以解释为神灵“拉”的居所。正如藏文典籍《“拉则”建立仪轨·如愿随意》中所言：“这十三座石堆拉则，就是守护神的宫殿，阳神战神的驻锡地，土地、鲁、年神之依附处。”

中国最后的陆路孤岛——陈塘

西藏和平解放后，管理陈塘的行政机构由卡达溪卡变成了定结县。所以从定结县出发，经萨尔乡，翻尼拉山，过日屋镇，至陈塘的那塘村、达藏嘎村，最终到陈塘镇的公路一直是夏尔巴人的梦想与期盼。尤其是当中国唯一不通公路的县——墨脱县可以季节性通车，而陈塘被冠以“中国最后一座陆路孤岛”的称谓之后。

修公路的最初尝试是从1961年开始的。1964年的夏天，萨尔乡通往日屋镇的公路修通后，9月，日屋镇杰勒村对面的雪山崩塌，造成下面的湖水漫溢，形成特大洪水灾害，冲走了木材及伐木场上的日喀则贸易公司、汽车十六团和十一师的10辆汽车与职员20人。

1970年8月，定结县革委向地区革委、日喀则军分区申请修建陈塘公路。随后进行了实地勘测，拟出了公路走向并进行投资概算，试图又往陈塘方向延伸，打通日屋到陈塘只有75千米的公路线。但1975年又发生特大泥石流，公路被完全冲垮，牺牲驻军和道班工人28人。

2001年，国家再度投入巨资重修到陈塘的公路，由于地质情况复杂，施工困难，公路基本上是一寸一寸向前挪的。同年开工建设的被誉为“天路”的青藏铁路格尔木到拉萨段，于2006年7月1日建成通车运营。

2010年，公路才修到离陈塘只有不到三个小时徒步路程的那塘村。

2011年，公路修到藏嘎村。因为那塘村到藏嘎村的公路经常发生泥石流与塌方等自然灾害，在陈塘多雨的季节，为了以防万一，有些有经验的老司机会把车子停在那塘村，然后背着行李徒步到藏嘎村。从那塘村到藏嘎村约10千米徒步的行程，一般人空手要走三到四个小时，可是一个负重约50斤的夏尔巴青年，不到两个小时就能走完。

公路是如此的难以贯通，为了最快地改变交通状况，在某届的政协会议上，陈塘政协委员吉加甚至提出了修筑直升机停机场，开通到陈塘直升机航班的提案，这生动地反映了陈塘夏尔巴人对改善交通的渴望与现实的无奈。

据说国家在修筑萨陈公路时，做的规划是直通陈塘镇的。但当公路从藏嘎村准备往陈塘镇上面修时，却遇到了不少的阻力。有人提出公路会让几百年来就一直耕耘的珍贵田地减少；有人认为会破坏陈塘脆弱的生态；有人怕公路修通后就赚不到背夫费了……所以到陈塘的公路在 2015 年止于藏嘎村的水泥大桥。据说人们达成了一个折中方案：公路不修了，把修公路的费用用于修建藏嘎村到陈塘镇的水泥台阶路，也就是现在走的那 1600 阶的水泥台阶。

2015 年 4 月 25 日的尼泊尔大地震，也让在高处的陈塘镇受损不少。国家投巨资进行了灾后重建，但不通公路的现实让灾后重建充满了更多的艰难。或许是此原因，人们终于对公路开了绿灯。

据介绍，现在萨尔乡到陈塘镇 99 千米的“瓶颈”将升级为省道 514 线的一部分，路面将全部硬化，修成宽敞的柏油路。届时，陈塘的交通条件将大为改善。

2017 年，藏嘎村到陈塘镇的公路还在热火朝天的修筑之中，2017 年 1 月 4 日，陈塘的朋友发来微信，说汽车已经能开到陈塘镇中心小学边上了。2017 年 6 月，当我们到达藏嘎后，前往陈塘的公路却因自然灾害而中断了，只能迫不得已地爬着水泥台阶而上。

是的，夏尔巴人等这条公路等得太久了。在 2017 年年底迎来畅通的黑黝黝的公路后，陈塘镇彻底告别了“中国最后一座陆路孤岛”的称号。

【照片档案 049】

图片说明：嘎定线公路
拍摄时间：2010 年 5 月
拍摄地点：定结县

【照片口述】

定结县位于西藏自治区西南部，喜马拉雅山北麓。地处东经 87° 30′ ～ 88° 37′，北纬 27° 80′ ～ 28° 75′。定结县东连岗巴县，西临定日县，北与萨迦县接壤，南与尼泊尔、印度毗邻。边境线长达 165 千米。

定结县属喜马拉雅山北麓湖盆区，地势南北高，中间低。东部是以错姆折林为中心的高原湖盆区，平均海拔 4500 米，地形宽阔平坦。中西部是以叶茹藏布和金龙河为两条主线的河谷区。南部是喜马拉雅山支脉脊背高寒区，海拔在 4700 米以上，多为冰川和雪山。西南部是陈塘峡谷区，地处喜马拉雅山主脊南翼，该峡谷地势差异大，平均海拔 2500 米，多为原始森林。

从定结县出发，沿嘎定线至萨尔乡后，翻尼拉山，可沿着拿当曲下溯到达陈塘镇。

【照片档案 050】

图片说明：萨尔宗

拍摄时间：1921 年

拍摄地点：萨尔宗

拍摄者：C.K. 霍华德 – 伯里

【照片口述】

萨尔宗[1] 为古代交通要冲，向南沿叶茹藏布江至今天的岗巴县昌龙乡后，经曲登尼玛寺和楚坦尼玛拉山口，即可进入印度境内的锡金地方；向西翻过尼拉山口后，有数条通道连接尼泊尔；向东翻种拉山后可到达千年古刹萨迦寺。

《珠峰考察》一书对 1921 年的萨尔宗也有描述：“它很完美地坐落在一座多石又尖锐的山顶上，这座山很像一个放大版的迈克尔山。有一个小镇在大山脚下，还有一个大寺庙（容纳 400 多僧人和无数的建筑）。寺庙在悬崖东面的半山腰上，其建筑是用石垒的墙和塔组成，在它们之上，又是由哥特式的古塔的小塔墙组成，结构就像每天供奉在山顶上的香一样。”

1 藏语“宗”为城堡之意。西藏地方政府旧制，以宗为地方行政机构，相当于现今的县。

【照片口述】

萨尔意为“陡峭”，现存的萨尔宗遗址为南北走向，规模庞大，残墙最高处约 10 米，遗址西侧和南侧为崖壁，西南侧约 50 米处的山顶上有一遗迹，西南朝东北走向，前面为一庭院，上面有房屋遗迹，两层高，残墙高约 13 米，南侧为崖壁，东面倒塌严重。

遗址半腰的红色萨尔曲果德庆寺，在灰白色废墟的衬托下更加醒目。

【照片档案 051】

图片说明：萨尔宗遗址
拍摄时间：2011 年 8 月
拍摄地点：萨尔乡

它由定结巴·益西嘉措主持创建[1]，信奉格鲁派。僧人介绍说寺院建成以后曾被破坏三次，前两次是在尼泊尔廓尔喀人入侵西藏期间。

1984 年，僧俗信众在遗址上开始恢复了一部分殿堂和拉康[2]。

1 第悉·桑结嘉措：《格鲁派教法史黄琉璃宝鉴》，西藏人民出版社 2009 年版，第 226 页。
2 拉康，藏语指“寺庙、神庙”。

MJ344

【照片档案 052】

图片说明：日屋镇民居
拍摄时间：2017 年 3 月
拍摄地点：日屋镇

【照片口述】

经过萨尔宗遗址，翻过海拔 4912 米的尼拉山口，不一会儿就到了陈塘夏尔巴人曾经最重要的物资交流口岸——日屋镇。它又称“萨照”，相传是因为从萨尔乡过来的牧民定居在此而得名。

日屋镇是国家二级口岸，它除陈塘之外还有多条通道与尼泊尔相连，是为中尼贸易的重镇。1959 年西藏平息叛乱时，少数分裂分子经日屋逃往尼泊尔，顺路抢走了百姓的衣物、装饰品及大量的牲畜，给百姓的生活带来了极大的困难。

日屋镇也曾经“谍影重重”。《定结县志》中记载：“1965 年 5 月，在日屋经商的 48 名尼泊尔商人中，经调查发现有 13 名尼商与国外叛匪敌特机关关系密切，还有个别尼商领匪特机关的职业活动经费，以经商为名，利用关系收买拉拢群众，进行造谣破坏活动。这些人的主要任务是刺探军情、政情。为杜绝敌人的情报来源，提高警惕，日喀则分工委提出处理意见，取得了自治区工委、外事处、筹委公安处的同意，并引起高度重视。”

若在和平时期，日屋几乎家家户户都在从事与边贸有关的生意。大大小小的商铺，把小镇变成了一个繁荣的市场。在这里，居民们用来自全国各地的商品与前来镇上的尼泊尔商人进行交易，同时许多尼泊尔的产品也通过日屋输送到定结，转而销售到周边地区，甚至到达拉萨、内地。

【照片档案 053】

图片说明：来日屋镇做木材生意的尼泊尔人

拍摄时间：2013 年 7 月

拍摄地点：日屋镇扎西惹嘎

【照片口述】

从面相上来看，从尼泊尔过来到日屋镇做生意的商人基本上是夏尔巴人，他们贩卖的拇指大小灯笼状的辣椒因为辣味足、香气浓郁特别受欢迎；粗加工的竹艺编织品、手工打制的铜器、蒸馏白酒的铝锅、精美的金银首饰、花椒、木料也都是交易的热门货。

【照片档案 054】

图片说明：背物资的夏尔巴人

拍摄时间：2010 年 5 月

拍摄地点：藏嘎村

口述者：吉阿

【照片口述】

以前的陈塘很穷，人们过着很艰难的日子，粮食不够，所以就去尼泊尔的邦多、堪得巴日县等地打工赚点钱或者赚点吃的回来给家里的人，一天零工的报酬，也只是连猪肉罐头都装不满的几把粮食。解放后，政府在日屋镇设立供销社，大家就基本上不去尼泊尔打工换粮食了。我们就背着陈塘的木头、竹制品及土特产到日屋供销社换粮食，再背回陈塘。上去的时候两三天，下来的时候也一样，往返一次要一个星期到十天左右。

【背景资料】

陈塘虽然气候宜人，适合农作物生长，可是山势险峻，能开发成农田的山地少之又少，人均不足半亩地，故长期以来，当地生产的粮食一直不能自给自足。在西藏和平解放之前，有很多陈塘人都有去尼泊尔打工讨食的经历。

【照片档案 055】

图片说明：在山路上背物资的人群
拍摄时间：2010 年 5 月
拍摄地点：藏嘎村
口述者：吉阿

【照片口述】

背着木料、药材、竹篓等特产，从陈塘徒步至日屋镇交换食品的经历，对于现在的年轻人来说，已经太过遥远了。在 20 世纪七八十年代，陈塘夏尔巴人背着土特产在日屋镇的国营供销社交换青稞与食盐，是每个亲历者不可磨灭的独特记忆。

和平解放后，在公路未通到陈塘镇时，日屋镇一直是陈塘最重要的物资补给站。我以前到过的最大“城市”就是日屋镇，它在陈塘人心目中的地位由此可见了。当时陈塘到日屋的山路险峻，崎岖不平，来回最慢的要十多天。但为了粮食，为了生存，穿梭在路上的夏尔巴人还是络绎不绝。

【照片档案 056】

图片说明：青石台阶路

拍摄时间：2005 年 6 月

拍摄地点：藏嘎村木如塔瓦山口

【照片口述】

在公路没有通到那塘村时，陈塘镇去日屋镇或定结县城时，不一定经过那塘村，而经藏嘎村，再翻过木如塔瓦山，至孔定玛再顺着拿当曲上溯，到达日屋镇。这条山路十分窄，最宽也只能容二三人并行，当三三两两的陈塘人“顶”着外面采购而来的物品迎面而来时，我只能在一边避让。很多地方铺点青石板。石板被磨光滑了，阳光一照，反着暗淡的光。

【照片档案 057】

图片说明：木如塔瓦山口
拍摄时间：2005 年 6 月
拍摄地点：藏嘎村木如塔瓦山口

【照片口述】

2005 年 6 月从陈塘镇徒步至日屋镇时，因公路不通，这条补给线依旧还是十分热闹的。每几千米就能看到一些小卖部供行人打尖休憩。它十分简陋，一般以横条花纹的塑料编织布为顶，地上放着几条藏式卡垫供行人盘坐，有一些简单方便食品出售，供应着最有特色的热饮：每人一元无限量供应的清茶[1]。

1 用砖茶加盐煮成的茶水。

【照片档案058】

图片说明：扎西惹嘎古遗址全景

拍摄时间：2010年5月

拍摄地点：扎西惹嘎

口述者：热丹

【照片口述】

大家都说我记忆力很好，但对于扎西惹嘎古遗址，我却只能模糊记得在很久以前，曾有过军队在此驻扎，这是爷爷再爷爷再爷爷之上的事了。我小的时候，这废墟远比现在壮观，只是无人看管，任其自生自灭，风霜雨雪之下，加之有些放羊娃在此放羊时，闲来无事，常以抛掷石墙的片石为乐，久而久之，遗址也被破坏不少。

【背景资料】

整个遗址修建在一个大峡谷里的山坡上，随着山势而盘旋起伏，很多墙体是用一层石片加一层草皮砌筑而成，至今坚固。石墙从曲玛山脚自西向东北方向分布，长约 3 千米，内空宽 2.9 米，残墙最高为 3.7 米。石墙西端有 3 座敌楼，东北约 1 千米处的石墙南侧有 5 个敌楼。敌楼面积约 9 平方米，敌楼上面有“八”字形的孔眼，整个石墙南侧挖有壕沟。遗址与北方的明长城相比，形制十分相似，但其垒砌方法具有典型的藏族特色——为大小片石间杂草皮而成。

若从高空鸟瞰扎西惹嘎古遗址，它以平坝子的中心点为中心，向脱隆藏布的上下游各筑一道城墙，后山也筑有城墙，直伸到山头。在这道城墙中，修有敌楼，因已倒塌，已不知当年的高度了。

【照片档案 059】

图片说明：扎西惹嘎古遗址
拍摄时间：2010 年 5 月
拍摄地点：扎西惹嘎

【照片口述】

有的石墙上铺有厚草皮，让墙头表面平整，部分石墙上面比较宽阔平整，如今可供多人并排快速行走；遥想当年初建时，在上面跑马布兵列阵应没有问题。而且三道石墙也通过这种草皮有效地联系在一起。在对面，脱隆藏布边上的两个山顶上还能看到一些四方形碉堡的残存，很有可能是当年观望敌情的烽火台。

【照片档案 060】

图片说明：扎西惹嘎古遗址

拍摄时间：2010 年 5 月

拍摄地点：扎西惹嘎

口述者：吉阿

【照片口述】

廓尔喀入侵西藏时，交战双方在扎西惹嘎处曾发生过激烈的战斗。

【照片档案 061】

图片说明：萨陈公路
拍摄时间：2016 年 9 月
拍摄地点：那塘村孔定玛附近

【照片口述】

萨陈公路如今是定结县城与陈塘镇之间的交通要道。日屋经扎西惹嘎遗址再到陈塘境内，大部分是盘山公路，虽然只有 70 多千米长，但是海拔下降得很快。从海拔最高处的尼拉山口（4912 米），到陈塘镇藏嘎村，海拔下降约 2700 米，到 2240 米。这种地形使得沿途景致独具特色，有终年不化的积雪、冰柱和冰川，也有随气候变化而形成的冰棒，有奔流不息的江河，也有气势磅礴的瀑布，有肥沃的草场，也有陡峭的山壁。

过了扎西惹嘎遗址之后，公路大体是在拿当曲岸边穿梭。来自印度洋的暖气流通过阿龙河沿拿当曲往上溯，在公路上方与冷空气交汇，产生饱含水蒸气的微小颗粒，形成了弥漫上空的缥缈雾气。它变化多端，微风改变着它的形状，阳光折射出不同光线。我一路上呼吸着它带来的湿润，也体会着它的美丽。

【照片档案 062】

图片说明：灾害频发的萨陈公路

拍摄时间：2011 年 8 月

拍摄地点：拿当曲上游

【照片口述】

去陈塘接学生的班车被突发的泥石流堵在萨陈公路上。

【背景资料】

陈塘镇中心小学建校于 1972 年，只负责一至三年级的教学工作。1993 年之前，学生读到三年级后就只能辍学。1993 年，定结县为陈塘夏尔巴人特别设立四年级到六年级的班级，地点设在定结县小学。在开学及放假时，定结县都会包客车接送孩子们。

【照片档案 063】

图片说明：养路段的铲雪车

拍摄时间：2017 年 3 月

拍摄地点：拿当曲中游

【照片口述】

以前萨陈公路每年冬季都会因为大雪封山而中断几个月，积雪有时达三米多厚。2015 年笔者也因此困于陈塘 40 多天。

【照片档案 064】

图片说明：临时边贸市场

拍摄时间：2010 年 5 月

拍摄地点：那塘村

【照片口述】

2001 年，陈塘人盼望已久的日屋镇至陈塘镇的公路开工重建，公路修到哪里，日屋镇的一部分交易就伸展到哪里。随着公路向陈塘镇的步步延伸，日屋镇在陈塘人心目中的地位日益下降，虽然日屋镇依旧是夏尔巴人前往定结县城的必经之地。

2010 年，公路修到那塘村，在此自发形成了边贸市场。

在不久的将来，日屋人与陈塘夏尔巴人将迎来更广阔的贸易市场。据介绍，西藏自治区计划将日屋口岸与 69 千米外的陈塘口岸统筹规划建设，形成“一口岸两通道”的发展模式。据介绍，与日屋——陈塘口岸接壤的是尼泊尔东部发展区，占尼泊尔国土面积约 1/5。其中与日屋通道接壤的面积为 8196 平方千米，人口约 160 万人；与陈塘通道接壤的面积为 9669 平方千米，人口约 260 万人。

【照片档案 065】

图片说明：修路工人

拍摄时间：2010 年 5 月

拍摄地点：那塘村

【照片口述】

每年的夏季，陈塘的气候潮湿闷热，食物很容易变质。在那塘修公路的四川籍工人，把通过汽车从外地运过来的猪肉用香料、白酒及盐腌制过后，拿到外面晾晒，制成腊肉，以延长猪肉的保质期。

【照片档案 066】

图片说明：去陈塘镇上学的那塘村小学生

拍摄时间：2010 年 5 月

拍摄地点：藏嘎村

【照片口述】

陈塘镇中心小学设在陈塘镇，负责一至三年级的教学工作。那塘村的小学生到陈塘镇，需要徒步三个小时以上。

【照片档案 067】

图片说明：修筑水泥挡墙
拍摄时间：2017 年 6 月
拍摄地点：藏嘎村

【照片口述】

工程队正在为萨陈公路段易发生泥石流、塌方等地质灾害的路段修筑水泥挡墙。

【背景资料】

2017 年 6 月，笔者到陈塘镇采访的时候，省道 514 线已经开始大规模的建设。一路上，运送各种物资的车辆与各种挖掘机醒目地点缀在喜马拉雅山脉翠绿的森林之中。工地热火朝天，有着只争朝夕的紧迫感。

【照片档案 068】

图片说明：藏嘎大桥
拍摄时间：2017 年 3 月
拍摄地点：藏嘎村

【照片口述】

陈塘镇的口岸区设在朋曲藏布的林琼塘嘎，与藏嘎村隔河相望，一座水泥钢筋混凝土大桥横跨两岸，各式车辆正源源不断地为口岸各项设施的建设提供各种材料。

【背景资料】

专家称，随着互联互通条件的改善，在保护自然环境的前提下，在更远的将来陈塘可能形成一条中尼印孟四国贸易的新通道。陈塘也将抓住边境贸易、旅游及建设南亚大通道的契机，转型谋求更大的发展。这也意味着陈塘镇将告别“与世隔绝”，并将开始与全世界联通起来。

【照片档案 069】

图片说明：藏嘎桥
拍摄时间：2005 年 6 月
拍摄地点：藏嘎村
口述者：尼玛

【照片口述】

藏嘎桥位于朋曲藏布上，以前是连接陈塘镇与其下辖的藏嘎村、那塘村、比塘村、沃雪村及更远的日屋镇、定结县城的唯一通道。

陈塘人叫藏嘎桥为“冲赛参巴”，它是一座铁索吊桥，它利用朋曲藏布中央一块“凸”出水面的巨石作为中心支点，两侧“伸”出铁索以支撑桥面，桥两侧修有不太结实的木栏杆。在没有铁索的更早时候，人们在同一个位置，用木材及竹篾编成竹桥，让人们得以通过朋曲藏布。

【照片档案 070】

图片说明：藏嘎桥

拍摄时间：2010 年 5 月

拍摄地点：藏嘎村

【照片口述】

藏嘎桥利用朋曲藏布河中间的一块巨石修筑而成，为“伸臂式”吊桥。吊桥用胳膊粗细的钢丝拉着，上面铺着木板，两侧则缠着几道铁丝，算是两边的栏杆了。人走在桥上，桥面的木板会吱嘎作响，犏牛通过时，摇晃得很厉害。

【照片档案 071】

图片说明：藏嘎新桥

拍摄时间：2016 年 9 月

拍摄地点：陈塘镇

【照片口述】

政府在老藏嘎桥旁修筑了一座钢结构桥，也是“伸臂式”的，这极大地方便了夏尔巴人的进出通行。新修的钢铁大桥让古老的铁索桥成了“摆设”，原来的老桥被废弃，并禁止通行。

【照片档案 072】

图片说明：陈塘台阶路

拍摄时间：2015 年 3 月

拍摄地点：陈塘镇

【照片口述】

因为各种原因，陈塘的公路止步于藏嘎村的水泥大桥。据说人们达成一个折中方案，公路不修了，把修公路的费用用于修筑藏嘎村到陈塘镇上的水泥台阶路，它有 1600 多阶。

在 2005 年，这条台阶路还是一条便道，路面上全是大小不一的碎石，一不小心就会摔跤跌倒。

【照片档案 073】

图片说明：台阶路上的小亭子
拍摄时间：2017 年 6 月
拍摄地点：陈塘镇

【照片口述】

从藏嘎村到陈塘镇为向上的“之”字形水泥台阶，途中有六个内地样式的八角木亭子供大家休息。陈塘镇下辖的六个村庄分别打理这六个木亭子，它们的顺序依次是：藏嘎、比塘、沃雪、萨里、修修玛及那塘。

【照片档案 074】

图片说明：喝烈酒提神的夏尔巴人
拍摄时间：2010 年 5 月
拍摄地点：陈塘镇

【照片口述】

过了藏嘎大桥，要到陈塘镇，就必须经过朋曲藏布冲刷后留下的巨大切面，300 多米的落差，是自古以来横亘在陈塘人面前的出行难题。

即便是当地的夏尔巴人，他们在背负重物从藏嘎桥上到陈塘镇之前，大家会先在山脚下休息，喝一些饮料、鸡爪谷酒之类的东西，以补充体力。有些成年人甚至有喝烈性白酒提神的习惯。

【照片档案 075】

图片说明："背"中生活
拍摄时间：2010 年 5 月
拍摄地点：藏嘎村
口述者：尼玛

【照片口述】

在陈塘镇未通公路的地方，运输全靠人背牛驮，所以背夫（妇）及驮牛队伍就是夏尔巴人的一道常见且独特的"风景线"。从五六岁的孩童到七八十岁的老妪老翁，都是这个队伍中的一员。在陈塘，用"全民皆背"来形容当地人的生活方式名副其实。

这种奇特的背负习惯也让很多成年的夏尔巴人体型发生了变化：胸部肥厚并向前倾，比常人更明显地向前"凸"出。

【照片档案 076】

图片说明：背重物的夏尔巴人

拍摄时间：2011 年 8 月

拍摄地点：萨里村

口述者：尼玛

【照片口述】

陈塘夏尔巴人的负重习俗与内地的不一样：用绳子把货物捆好，留出一个绳套，负重时，将绳套顶在额头，重物附在后背。这种背负方式，是在喜马拉雅高山深壑崎岖难行的山路上由无数人摸索出来的独特经验。山路险峻，有时甚至需要在悬崖上攀爬，如果将重物背挎在双肩，一旦失足，人货俱损。用额头顶负重物，能释放出双手，方便作业。发生危险时，可立马把额头顶着的货物甩下，以最快速度弃货保人。

【照片档案 077】

图片说明：往陈塘镇驮物资的犏牛
拍摄时间：2010 年 5 月
拍摄地点：陈塘镇

【照片口述】

2010 年，一块重约 30 斤的水泥砖从藏嘎村背到陈塘镇，运费是 13 元；一根 5 米长、8 毫米直径的螺纹钢是 10 元。用于运货的牲畜有犏牛和以前陈塘没有的藏驴，人群中各种年龄段的人都有。很多小学生在放学后，还会下到藏嘎村背上一块水泥砖，赚取 13 元，以补贴家用。无论什么项目工程，所有的运输费用，基本上都是用现金结算。

【照片档案 078】

图片说明：陈塘镇小卖部
拍摄时间：2010 年 5 月
拍摄地点：陈塘镇

【照片口述】

“全民皆背”的费用，也体现在陈塘镇的小商品价格上：一瓶大拉啤 10 元（藏嘎村 5 元），一包紫云烟 15 元（藏嘎村 10 元），瓶装饮料一瓶 5 元（藏嘎村 3 元）。只有桶装方便面与山下价格一样，都是 5 元。

陈塘镇的夏尔巴人对这种差价也习惯了，而且各种商品的价格在不同的小卖部里是统一的，没有还价的余地，对熟人亲戚也一样。

【照片档案 079】

图片说明：狭路相逢

拍摄时间：2014 年 1 月

拍摄地点：陈塘镇

【照片口述】

上陈塘的台阶路只有一米多宽，犏牛路过的时候，大家都要想办法避让。图中为背负物资上山的夏尔巴人礼让下来的犏牛。

【照片档案 080】

图片说明：驮物的犏牛

拍摄时间：2013 年 7 月

拍摄地点：陈塘镇

口述者：尼玛

【照片口述】

犏牛夏尔巴话叫“卓”，是西藏的牦牛与尼泊尔的黄牛杂交生的牛。它保留了牦牛和黄牛的优点，比纯种的黄牛更耐劳，脚步较稳，而且同牦牛一样耐得了西藏的气候，比纯牦牛更易于驾驭，用其驮载货物或作为拖曳（如耕地）的牲畜也比较方便。而且母犏牛的奶比纯母牦牛的多。

【照片档案 081】

图片说明：货运缆车
拍摄时间：2017 年 6 月
拍摄地点：陈塘镇

【照片口述】

2015 年，沙石从藏嘎村运到陈塘镇，每斤运费是 0.4 元，过秤称重后，有人立即用计算器算出报酬，然后结清费用。这巨额的运输费用，致使陈塘镇政府在 2016 年开始灾后[1]重建时，搭建了从藏嘎村到陈塘镇的货运缆车。2017 年 3 月，货运缆车已经开始“试运营”了。

1 此处指发生在 2015 年 4 月 25 日的尼泊尔大地震，陈塘镇也受到很大的影响。

【照片档案 082】

图片说明：向前延伸的公路
拍摄时间：2017 年 2 月
拍摄地点：陈塘镇

【照片口述】

当萨陈公路“一寸一寸”地向前推进的时候，有些年长的人会特意从山上下来，就是为了看一下、摸一下传说中的吃汽油、冒黑烟的钢铁怪物。如今公路不但要修到陈塘镇，还沿着朋曲藏布，修到萨里村、修修玛村，规划中还将延伸到曲当乡。届时，陈塘的交通就更加便利了。

第二章
陈塘夏尔巴人的族姓

夏尔巴人曾被译为“谢尔巴”“舍尔巴”等。

如今境外的夏尔巴人主要分布在尼泊尔的北部和东部山区一带[1]，有 11.5 万人，不足尼泊尔全国人口的 1%。从尼泊尔的地理位置看，夏尔巴人居住地大多位于其南方。

如今国际上，夏尔巴人以体质好、抗缺氧能力强、吃苦耐劳等特点为登山者充当向导和背夫而闻名。可以说，是珠穆朗玛峰的登山及探险活动让世界认识了夏尔巴人。许多尼泊尔的夏尔巴人因为登山队征募背夫而移居到印度的大吉岭、尼泊尔的加德满都附近。

陈塘的夏尔巴人深居深山老林，偏安一隅，没有贴着“珠峰向导、珠峰背夫”的标签。直到 2009 年，次仁成为西藏登山学校的高山协作，是第一个从事与登山相关工作的陈塘夏尔巴人。

1 王宏纬：《列国志：尼泊尔》，社会科学文献出版社 2004 年版，第 102 页。

【照片档案 083】

图片说明：陈塘镇雪景

拍摄时间：2015 年 3 月

拍摄地点：陈塘镇

口述者：吉阿、多吉平措等

【照片口述】

陈塘镇的 6 个行政村中，比塘、沃雪、萨里及修修玛这四个村的村民认为他们是陈塘夏尔巴人的核心。由于那塘、藏嘎两村的村民是晚期从其他地方迁移过来的藏族，所以他们有时并不受陈塘夏尔巴人的氏族间的某种规则约束。故本书所述的陈塘夏尔巴人族源、氏族及族姓等问题，都特指比塘村、沃雪村、萨里村及修修玛村这四个村的夏尔巴人，相关的调查也是在这四个村中进行的。下文简称为陈塘四村。在这四个村中，沃雪村中有一户被称为“果当巴”[1] 的村民，他们人数少，又被夏尔巴人视为藏族，也不在本书论述之内。

1 从日屋镇下面的果当地方迁移到陈塘，故称果当巴。

【照片档案 084】

图片说明：陈塘镇夜景

拍摄时间：2015 年 3 月

拍摄地点：陈塘镇

口述者：昂给

【照片口述】

“梯格巴”与“冲巴”是陈塘夏尔巴人的两个大族姓，他们散落在比塘村、沃雪村、萨里村及修修玛村这四个村里。两大族姓有着不同的“颇拉”[1]（Pho-lha），梯格巴的颇拉叫“思列多多”，其象征或氏族神为绵羊；冲巴的叫“藏列颇堆”，其象征或氏族神为公牦牛。

古时的陈塘森林茂密，野兽成群，两个族姓的人平地支棚，烧山开荒，刀耕火种，神化了这里的山山水水，“创造”出各种各样具有陈塘特色的山神，如珠峰山神及其他神灵；逐渐发展成以陈塘为中心，以比塘村、沃雪村、萨里村及修修玛村为周边的格局。随着周边藏族的迁入，又发展出藏嘎、那塘两村。

陈塘夏尔巴人并不太在意是哪个族姓先到达陈塘。传说爷爷多吉玉登及甲本嘎玛到达陈塘后，村落最初的规模是“听屯刚除”，即七个房子六个人，或七个房子六户人家，其中有三个人是梯格巴族姓，二人是冲巴族姓 。

1 颇拉是陈塘夏尔巴人十分重要的神灵，它有阳神、战神、氏族神等多重含义。

【照片档案 085】

图片说明：梯格巴男子

（贡布日松巴小族姓）

拍摄时间：2017 年 2 月

拍摄地点：陈塘镇

口述者：吉阿

【照片口述】

古时有三个兄弟在阿龙河打猎，因追赶猎物分开后，分别定居阿龙河流域的三个地方；老大就是爷爷甲本嘎玛，为洛本法师，他定居在阿龙河最上端的陈塘后，陈塘便成为传法中心，陈塘被尊称为陈塘曲吉陂不拉；二弟定居在距陈塘步行一日之遥的尼泊尔邦多地区，为当地的行政官；三弟定居在尼泊尔的陈塘玛姆地方。

爷爷甲本嘎玛因打猎发现了陈塘后，在他的带领下，梯格巴们从夏尔昆布出发，披荆斩棘，穿过猛兽出没与黑暗的原始森林，最终在陈塘定居下来。梯格巴先祖到达陈塘之时，那里是一块无人之地，他们是陈塘的开拓者。

【照片档案 086】

图片说明：行脚的梯格巴男子

拍摄时间：2011 年 8 月

拍摄地点：陈塘镇

口述者：多吉平措

【照片口述】

爷爷甲本嘎玛因打猎发现了陈塘后定居下来的故事还有另一个版本。虽然陈塘地处密林深处，但也还是有不测风云。传说中，一支以班学瓦为首领的无恶不作的匪帮，攻进陈塘，烧杀掳掠，甲本嘎玛的后裔们只有一个机智的少年幸免于难。少年逃往阿龙河下游的斯巴瓦龙部落，并在这个部落中卧薪尝胆，苦练十八般武艺。成年后，他经重重艰难，最终血刃班学瓦，为族人报仇雪恨。少年成家后，生有三个儿子，其中大儿子为洛本法师，定居在陈塘；二儿子定居在距陈塘步行一日之遥的尼泊尔邦多，为当地的行政官；三儿子定居在距邦多一日之遥的陈塘玛姆（尼泊尔境内），以铁匠及手工艺为生。三个儿子在三地安居乐业，人丁兴旺，是以形成了族群“梯格巴”。而这三个地方的夏尔巴人中，只有陈塘人信奉洛本，而邦多与陈塘玛姆的夏尔巴人基本上都信仰藏传佛教。

【照片档案 087】

图片说明：梯格巴妇人（贡布日松巴小族姓）
拍摄时间：2017 年 3 月
拍摄地点：陈塘镇
口述：米玛、吉阿

【照片口述】

梯格巴族姓的人认为，他们最早定居在尼泊尔的夏尔昆布地区，后来沿着阿龙河流域上溯迁移，最终定居在陈塘。对于何时迁徙到陈塘，老人们都说那是一段很长的时间。问及具体时间时，却语焉不详，或说五百年，或说三百年。对于没有任何文字记载的夏尔巴人来说，多种说法也是必然的。

只有梯格巴才能担任的居必堪卓玛法师[1]说她们已经传承十三代（包括现在的）。若按一代二十年来计算，最早到达陈塘的居必堪卓玛法师距今已经二百六十年了。由于她们并不是最早到达陈塘的，如此估算，其他人到达陈塘的时间会更早，可能距今三百多年或更早。

1 陈塘的一种民间宗教的神职人员，由女性担任。

【照片档案 088】

图片说明：在原始森林中穿越

拍摄时间：2016 年 9 月

拍摄地点：嘎玛沟

【照片口述】

目前对尼泊尔夏尔巴族源的考证，夏尔巴高僧桑结甸增根据祖谱及多方面调查考证而撰写的《夏尔巴先祖世系》无疑是最权威、最翔实的。它成书于 1970 年的尼泊尔加德满都。作者桑结甸增出生于尼泊尔夏尔巴地区的雄隆，为木雅董族中的米钦家族。他在 23 岁至 33 岁这十年时间云游拉萨、昌都、德格、八邦、宗萨、佐钦等地及众多寺院，曾先后随十五位西藏堪布和学者学习各种经典。

不知是否受此影响，这部藏文专著在谈到夏尔巴族源时，几乎与藏族史一模一样，说他们的祖先也是由观世音加持的猕猴和度母化身的罗刹女结合繁衍而来的，并说他们就是猕猴和罗刹女慢慢演变成的藏族六氏族[1]中的“董”[2]族等。其后祖先格尔杰王及其官、仆及眷属人等迁到康地“多康六岗”的“塞莫岗”。因塞莫岗的谷底处叫“木雅日芒”，故繁衍出的很多子孙被称为“木雅巴”。后因岭·格萨尔王[3]率军进攻，发动了长期的战争，于是出自木雅、洛扎查阿、夏莫堆冬、冈托克或色达、聂东及乌尼的大部分康地人便因之逃亡漂泊。

“他们经羌塘前往西藏上部地区，并在定日的朗阔等地居住了一段时间。但是原来的土著人和突然到来的康巴人，两者在族系、心理状态和生活习惯等方面均有稍许不同，于是这些康巴人随即寻找新的住地。他们了解到雪山那一面的印度一侧，是一处空地无人区。这样，那时的康巴人中不仅普遍流传着所谓已经了解到的那个新住地，而且还为新住地命名为昆贝乃（意为已了解的地区）。再者，现在世界上已经谈论了关于西藏人的一个分支并起名为夏尔巴的种种情况。夏尔巴的情况是这样的，（康巴人）从定日出发，经历了极大的艰难越过了雪山，米钦查巴等迅速地来到了尼泊尔东部无人空谷隐蔽之地——昆贝地区，并居住下来，由是即称这些居住者为夏尔巴，在廓尔语中就是尼泊尔人所称的布尔瓦利。所谓的昆布，就是因为了解到了无人空地，并且在这里形成了康巴人的后裔，所以便起名为昆布。或者说，由于这里已经变成了康巴后裔的地区，所以这里又被称作‘夏尔昆布’[4]，这种说法也是妥当的。”[5]

从此以后，这些族群被称为夏尔巴，也包括住在我国和尼泊尔交界处的这些人，至今犹然。

《夏尔巴先祖世系》一书分析，“夏尔巴”的迁徙大体经历了如下过

---

1 六氏族即塞、穆、董、东、查、楚。

2 所谓“董氏部族”之名，是因为该部族中有一个“那董艾”的人（意为塌鼻梁），就把这个部族起名为“董氏”。参见《柱间史——松赞干布的遗训》，中国藏学出版社 2010 年版，第 35 页。

3 西藏传说中的英雄人物，民间有史诗《格萨尔》。

4 意为东方康巴后裔之地。

5《夏尔巴人资料汇编》，第 26-27 页。

程：西藏藏族中的董氏族→康地塞莫岗的木雅巴→定日朗阔→尼泊尔的夏尔巴。虽然迁徙的时间久远，但如今尼泊尔夏尔巴还与西藏保持着千丝万缕的联系，桑结甸增也曾云游西藏、康区的众多地方，求经学法，所以他在《夏尔巴先祖世系》中还说："我们原本出自西藏，如今却沦为尼泊尔国王属下。"流露出对故乡深深的眷恋。

中国社会科学院民族研究院学者黄颢先生考证"多康六岗"是古代藏史对多康地区六个高地的总称，"岗"在藏语中意指两大河流中间形成的高地或高原。多康六岗中的第一岗就是塞莫岗，它的地理位置，是指金沙江和雅砻江中间地带，即今天四川甘孜藏族自治州的石渠、德格和白玉等县。藏史对接近青海的康区北部的这一带又称"上康区"。[6]

黄颢先生还认为，董氏家族在塞莫岗因其后裔绝大多数都住在木雅日芒，所以他们总称为"木雅巴"，此处的"木雅巴"是指生活在塞莫岗木雅日芒地方的董族后裔，与住在其东部的西夏后裔木雅人不同。

6 黄颢：《夏尔巴人族源试探》，参见《西藏民族学院学报》，1980 年 03 期，第 22-26，59 页。

【照片档案 089】

图片说明：冲巴族姓男子（哒咕瓦小族姓）
拍摄时间：2017 年 3 月
拍摄地点：陈塘镇
口述者：拉巴丹增等

【照片口述】

似乎是同时或稍晚时间，来自康巴地区的一群人，为了躲避战乱仇杀等，在爷爷多吉玉登的带领下，他们经过拉萨、日喀则、定日等地，长途跋涉，经历万险来到陈塘。定居陈塘后，这一群人形成了“冲巴”族群。冲巴在藏语中，有“生意人”之意。在问及具体是康巴什么地方时，有人认为来自昌都地区，有人说是德格地区，有人甚至精确到德格江若地方。关于“冲巴”的形成问题，大部分人认为冲巴是后来者，也有人认为冲巴是最早到达陈塘的。

陈塘夏尔巴人说，因为是从康巴地区迁移过来的，所以冲巴的男人胡子多且茂密，而梯格巴的男人胡子就相对少了。

冲巴喇嘛拉巴丹增认为冲巴是在 220 年前从康区的德格迁徙过来的。这是我调查族源问题时，得到的最精确的答案。不过拉巴丹增一直解释只是转述老人的说法。若这种说法成立，梯格巴应是最早到达陈塘的族群。

【照片档案 090】

图片说明：出行的男子（左为梯格巴的贡布日松巴小族姓，右为冲巴的优领巴小族姓）

拍摄时间：2011 年 8 月

拍摄地点：陈塘镇

口述者：尕米

【照片口述】

梯格巴与冲巴都是大氏族，也可称为大族姓，最初来到陈塘的是“听屯刚除”，即七户房子六个人。然后同一家族的兄弟分家，自立门户后，随着人口的繁衍增多，慢慢地形成了小族姓。小族姓与它所属的大族姓或氏族的颇拉是一样，在与其他大族姓或氏族交往时，也要遵循两大族姓之间的社会规则。

同一小族姓成员都认为成员之间都有血缘关系，与大族姓之间的其他小族姓也有血缘关系，只是小族姓内部的血缘关系更为亲近。若小族姓内部成员家庭发生婚丧嫁娶、建房起室等大事时，其他的家庭都有义务去帮助。有些小族姓由于先祖是兄弟，各成员之间的关系也会更加密切。

【照片档案 091】

图片说明：梯格巴龙牧马小族姓男子

拍摄时间：2015 年 3 月

拍摄地点：陈塘镇

口述者：尕米

【照片口述】

梯格巴族姓有贡布日松巴、龙牧马、差巴江玛、向令啊、孔玛、切星借玛 6 个小族姓。

其中，贡布日松巴与龙牧马的先祖是亲兄弟。贡布日松巴的名称来源于其先祖是宗教人士，有时在法会上使用雪域三怙主[1]的唐卡。因为雪域三怙主在夏尔巴语中称为“日松贡布”，所以人们把这支族姓称为“贡布日松巴”。而龙牧马族姓因为房子建在陈塘的中心广场附近的一个泉眼旁而得名。

1 怙主可以理解为保护者、护法等。雪域三怙主指观世音菩萨、文殊菩萨和金刚手菩萨。

【照片档案 092】

图片说明：梯格巴的差巴江玛小族姓

拍摄时间：2015 年 3 月

拍摄地点：陈塘镇

口述者：尕米

【照片口述】

孔玛与切星借玛的先祖是亲兄弟。孔玛因为房子建得最高而得名，切星借玛则是因为房子旁有棵叫“切星”的大树而得名。

差巴江玛与向令啊的先祖是两兄弟。差巴江玛因房子旁有个巨大石头，石头旁长着一棵“差巴”树而得名；向令啊因他们的房子建在最东边而得名。

【照片档案 093】

图片说明：冲巴的楚鲁塘卡小族姓男子，80 岁

拍摄时间：2013 年 7 月

拍摄地点：陈塘镇

口述者：尕米

【照片口述】

冲巴族姓有楚鲁塘卡、优领巴、嘛呢崩巴、基姆参玛、哒咕瓦等五个小族姓。其中，楚鲁塘卡、优领巴、嘛呢崩巴的先祖为三兄弟，楚鲁塘卡是大哥，因分到的土地最平整、最好而得名；老三嘛呢崩巴因分到的地最不平整、石头最多而得名；老二优领巴因分到的地平整情况处于老大与老三之间而得名。

【照片档案 094】

图片说明：冲巴的基姆参玛小族姓男子

拍摄时间：2016 年 9 月

拍摄地点：嘎玛沟

口述者：尕米

【照片口述】

基姆参玛与哒咕瓦的先祖为兄弟。哒咕瓦因为房屋边有一棵桃树而得名；而基姆参玛的亲戚多，房子修好后，亲戚来祝贺，说“基布切”“基布切”，意思为“房子修好了，以后要开开心心的呀”而得名。

【照片档案 095】

图片说明：陈塘嘛呢藏戏演员

拍摄时间：2015 年 2 月

拍摄地点：陈塘镇

口述：尕米

【照片口述】

陈塘嘛呢藏戏演员，左边是梯格巴的切星借玛小族姓，右边是冲巴的哒咕瓦小族姓。

在陈塘夏尔巴人看来，那些关于谁先来到陈塘的问题似乎并不重要，“爷爷”的身份也似乎无关紧要。在 5 月份，嘎玛藏布两岸会盛开两种圆圆的花儿，它们就叫“梯格巴花”与“冲巴花”。梯格巴花的花瓣比冲巴花长且宽，数量会比冲巴花多一点儿。这是陈塘夏尔巴人的先祖特意取的名字，象征着两个族姓的和睦相处，相互礼敬，丰衣足食，这足矣！

【照片档案 096】

图片说明：夏尔巴婚礼
拍摄时间：2015 年 2 月
拍摄地点：陈塘镇
口述者：尕米

【照片口述】

陈塘夏尔巴人族姓的基本功能，最主要是规定非婚两性关系范围与通婚范围。同一族姓的所有夏尔巴人，尽管住的村子相距很远，也可能无法追溯世系家谱，只要他们是属于同一族姓的同族就禁止通婚。同族姓成员间的性关系被认为是乱伦，违反天道；不仅众叛亲离，而且生下的后代会成为命运悲惨的低等级“贱民”，只能从事一些低贱的工作，相传家人也会因此而遭到报应。

图中的新娘为冲巴的哒咕瓦小族姓，新郎是梯格巴的贡布日松巴小族姓。

【照片档案 097】

图片说明：那塘村老人
拍摄时间：2017 年 6 月
拍摄地点：那塘村
口述者：尕米

【照片口述】

藏嘎村有两种族姓，分别叫作“果塘啊”（从定结县琼孜乡果塘地方迁徙过来的藏族）与“折归巴”（从定结县琼孜乡折归地方迁徙过来的藏族）。那塘村也有“那巴”（从定日县卡达溪卡迁徙过来的藏族）及“陂加巴”（古时从尼泊尔基玛塘卡迁徙过来的）等两种。这两个村的村民若同属一个族姓，其“血亲”经过五代后，即可成婚。陈塘夏尔巴人也会与藏嘎村及那塘村的村民通婚，不过只娶不嫁似乎是古时的一个惯例。

【照片档案 098】

图片说明：虔诚的夏尔巴妇女
拍摄时间：2015 年 2 月
拍摄地点：陈塘镇
口述者：陈乃文

【照片口述】

陈塘有三种宗教形态，当地人称之为“洛本”“喇嘛”[1]及“堪卓玛”（在下文中将详述）。其中信奉洛本与堪卓玛的群众以梯格巴为主，冲巴的群众以信奉喇嘛为主。在陈塘，没有宗教之间的残酷斗争，人们经常能见到喇嘛与洛本法师在同一个屋檐下一起禳灾驱魔；喇嘛的法事中能看到梯格巴村民；冲巴的村民家中能听到洛本激烈的鼓点，大家能相安无事，相容不悖；在某个法会上还能看到堪卓玛的轻吟、洛本的狂舞与喇嘛的梵呗依次上演这一奇特的现象。

【背景资料】

族姓的另一个主要功能，是确定参与宗教活动的类型及相关宗教人士的资格。

1 同属藏传佛教，民俗化的不同表现。

【照片档案 099】

图片说明：洛本的“堆垛”法会

拍摄时间：2015 年 2 月

拍摄地点：陈塘镇

口述者：米玛

【照片口述】

在宗教人氏的产生上，洛本法师与堪卓玛都只能由梯格巴族姓的夏尔巴人担任，冲巴族姓的夏尔巴人不能经过任何方式而成为二者之一。而且在梯格巴中，贡布日松巴小族姓的法师做法事是最灵验的，洛本法师与堪卓玛都如此。

【照片档案 100】

图片说明：在喇嘛法会上分发物品的冲巴族姓男子

拍摄时间：2015 年 2 月

拍摄地点：陈塘镇

口述者：米玛

【照片口述】

而喇嘛的法师以冲巴族姓为主，但梯格巴族姓的男人也能成为喇嘛，这是一个共识。最普遍的说法是：梯格巴族姓与冲巴族姓的人“颇拉”不一样，梯格巴族姓的人有神灵“拉”（LHA）[1]，冲巴族姓没有“拉”；所以他们成不了堪卓玛，更成不了洛本法师，而且梯格巴族姓的人因为有“拉”，也能成为冲巴族姓中的“喇嘛”。

1 拉：原意为“天”或“天趣”，是苯教传统中很古老的一种神祇，亦是各种神祇的统称。佛教传入后，又将佛教中的神译为“LHA”。参见曲杰·南喀诺布著，向红笳、才让太译，《苯教与西藏神话的起源——“仲”、“德乌”和“苯”》，中国藏学出版社 2014 年版，第 27 页。

【照片档案 101】

图片说明：喇嘛法会上的梯格巴

拍摄时间：2015 年 2 月

拍摄地点：陈塘镇

口述者：昂给

【照片口述】

梯格巴族姓的人因为有“拉”，能成为冲巴族姓中的“喇嘛”。图中跳“法舞”的老者叫丹巴，为梯格巴中的龙牧马小族姓，他在法会上担任“嘛喇却香巴”的角色。却香巴是以制作朵玛及洒酒施供为主要任务的法师。

【照片档案 102】

图片说明：厘定婚前协议

拍摄时间：2015 年 2 月

拍摄地点：陈塘镇

口述者：昂给

【照片口述】

厘定婚前协议时，“阿亚”就会代表男方与女方的亲朋好友对各项“条款”进行斟酌。

【背景资料】

阿亚是陈塘夏尔巴人的一种特殊的社会关系，它只在小族姓内部之间产生。冲巴族姓的不会成为梯格巴族姓的阿亚；梯格巴族姓也不会成为冲巴的阿亚，而且只有男性成员才能有阿亚关系，女性成员没有阿亚关系。

各大族姓之下的小族姓，除了本小族姓成员能担任阿亚之外，先祖是兄弟的小族姓之间也能相互成为阿亚。如贡布日松巴与龙牧马的先祖是兄弟，所以这两个小族姓就能互相担任阿亚。换句话说，贡布日松巴族姓的阿亚，可以是贡布日松巴的男性成员，也可以是龙牧马的男性成员。

根据上文小族姓的名称的来源，陈塘夏尔巴人男性成员能互相成为阿亚的共有五组：贡布日松巴与龙牧马，孔玛与切星借玛，差巴江玛与向令啊，楚鲁塘卡、优领巴及嘛呢崩巴，基姆参玛与哒咕瓦。

【照片档案 103】

图片说明：请阿亚喝酒

拍摄时间：2017 年 3 月

拍摄地点：陈塘镇

口述者：昂给

【照片口述】

当男性成员出生后，其父母就会给他挑选二到五名符合条件的男性担任阿亚，如果对方应允，那他和阿亚的这种关系将持续到生命的终结。若阿亚去世了，征得当事人的同意，阿亚的儿子也能成为当事人的阿亚，一般情况是最小的儿子来“继承”；所以阿亚与当事人之间，有时并没有年龄上的绝对差别——阿亚的年纪不一定比当事人年长；而且别人可以成为你的阿亚，你也可以成为别人的阿亚。

本质上阿亚关系是一种帮扶关系，它把族姓之间的权利与义务落实到具体，所以很多陈塘人把“阿亚”戏谑为“总管”。假如当事人要建新房，他会先与阿亚进行沟通商量，然后大家对建房的各项事务进行分工，有的阿亚负责找帮工，有的负责建房所需要的各种材料，有的负责管理账务，有的张罗吃喝，等等。这样，建房的事务就被分担出去，既有“三个臭皮匠，顶个诸葛亮”的效果，还能把大事化小，大家同心协力，达到事半功倍的效果。

阿亚还有一种功能，即为当事人的“协调者”与“见证者”。在一些涉及当事人利益的事务上，并不是由当事人亲自进行处理协调，而是先由阿亚出面协调，然后回来与当事人商量，最后进行处理。

当阿亚有困难的时候，当事人也要出钱出力，尽可能地给予帮助。如有个朋友，他的阿亚生病了，他给阿亚送去两千元，不久阿亚病故，他这两千元现金以及阿亚以前赶走的一只黄牛也就不了了之了。

虽然阿亚关系类似于亲属关系，但又有不同，亲属关系是以血缘为纽带，而阿亚则是小族姓成员内部之间的互帮互助。它在某种范围内，为其成员添了一份除亲属关系帮助之外的支持。这也使陈塘夏尔巴人在面对各种无常的恶劣环境时，多了一份信心与底气。

第三章
陈塘的村落与民居

2015 年 4 月 25 日的尼泊尔大地震，山川相接的陈塘也是重灾区。灾后，政府按每户 12 万元的标准，对受灾群众的住房进行了重新扩建，很多人的住房条件因此得到了很大的改善。由于是在原址重建，陈塘镇的村落布局没有太大的改变，只是多了一些住房。

2017 年 3 月笔者在陈塘时，听闻政府将斥巨资，为陈塘民居进行统一的外墙改造。藏嘎村就贴着许多外墙改造的效果图，图中唯一一行汉字是：陈塘镇民房建设样本图。假以时日，陈塘镇将以“古镇风貌区”的面貌出现；藏嘎村将成为藏嘎新区，新区内还会耸立着方块形的“陈塘标志塔”；到那时，陈塘将以整齐规范的面孔出现，不知道我是否还能找到以前熟悉的人家？

位于神山之上的陈塘

陈塘镇是“悬”在半山腰上的。若在高处鸟瞰陈塘镇，想必其村落布局会给人一种像一只展翅的雄鹰的感觉。但夏尔巴人并不认同这种看法。他们说陈塘镇是位于“贡巴拉”神山之上的。这个贡巴拉神山，有人说它像一个坐着的“神仙”；而信仰藏传佛教的人则会告诉你，神山是“沃巴美”佛，即无量光佛[1]的化现。

陈塘镇坐落于神山贡巴拉之上，这是所有的陈塘夏尔巴人的共识。神山四面都被密密麻麻的大山所围绕，其中有四座大山最高：东面是亚云山，沃雪村与比塘村就在它的山体上；南面为达喇拉雪山，是中尼的界山；西面是勃比拉山，也是中尼的界山；北面是那贡扎西拉山，山下有神湖切姆措。这些大山如层层叠叠的莲花花瓣，而贡巴拉就像莲花的花蕊，既享受着大山的呵护，又承受着大山带来的种种闭塞和不便。

1 在藏传佛教中，无量光佛是西方莲花部的怙主。

【照片档案 104】

图片说明：在贡巴拉神山上的陈塘镇
拍摄时间：2015 年 2 月
拍摄地点：藏嘎村木如塔瓦山口
口述者：拉巴丹增

【照片口述】

陈塘镇被神山贡巴拉所怀抱着。贡巴拉神山像是一尊无量光佛的化现。佛首是最高的必多山，胸部是火葬场邦嘎巴。“准觉玛”是神仙的左肩，“塔龙玛”是右肩。他在腹前合掌，那两手捧着的地方就是陈塘镇。而盘起的左脚在陈塘镇最东面的“强曲玛”，右脚为“达谷玛”。它们下方的层层梯田，就像无量光佛的莲座。再往下，藏嘎大桥的西侧，那散落的大石头是天然形成的供品，它们形成了层层的“曼扎”供奉给无量光佛。状若帽子的林琼孔卡是陈塘的伟萨确林寺[1]及无量光佛的酥油灯，而逶迤的嘎玛藏布是献给伟萨确林寺的哈达，“石隆”泉水是天然形成的“供佛净水”。因为是无量光佛的化现，所以即便是艰难困苦，陈塘夏尔巴人都比周边地方的人长寿。

【背景资料】

木如塔瓦山口位于藏嘎村背后，是以前夏尔巴人外出的交通要道，比陈塘镇还高几百米。

1 现今陈塘唯一的寺院，为喇嘛法师的道场。

【照片档案 105】

图片说明：云雾缭绕的陈塘山水
拍摄时间：2016 年 9 月
拍摄地点：陈塘镇

【照片口述】

阿龙河是贡巴拉神山及陈塘镇所有山山水水最重要的水汽通道，印度洋的暖气流通过它到达陈塘，形成夏热冬温、多降水大风的亚热带山地季风气候。下雨后，尤其是冬季，雾气缥缈，让人看不见四周；雾气以极快的速度飘过，周边的一切又清晰无比地显现出来，这让人有种拨云见日的感受。受此气候的影响，陈塘很适合各种农作物的生长，但最主要的作物是土豆与鸡爪谷。

【照片档案 106】

图片说明：神仙的帽子林琼孔卡

拍摄时间：2017 年 3 月

拍摄地点：陈塘镇

口述者：昂给

【照片口述】

贡巴拉神山像一个坐着的神仙。神仙坐北朝南，它的左脚从“强曲玛”一直伸入到阿龙河的上端；右脚为嘎玛藏布下游的乌布其桥附近的“乔木所嘎”。陈塘镇位于神仙的腹部——山体的中间，地势平坦。“准觉玛”是神仙的左肩膀，“塔龙玛”是右肩；胸部是“邦嘎巴”，那是陈塘人传统的火葬场。上方是头部“必多”山，山形特别像一个人的头。贡巴拉两侧的两道山脊，为左右手，左手有喇嘛的闭关修行地，右手也有一个洛本法师的闭关修行地。神仙有一个圆皮帽，它被放在山脚下，是一座叫“林琼孔卡”的小山。

【背景资料】

林琼孔卡位于嘎玛藏布与朋曲藏布的汇合点，中尼友谊桥——乌布其桥的下方。

【照片档案 107】

图片说明：正在刀耕火种的尼泊尔基玛塘卡

拍摄时间：2015 年 3 月

拍摄地点：陈塘镇

口述者：尼玛

【照片口述】

有时，尤其在每年的三四月份，陈塘也会被浓郁的烟雾所笼罩，那是对面尼泊尔基玛塘卡的村民正在进行古老的“刀耕火种”所导致的：当他们开荒时，焚烧山林的烟雾就会飘散到陈塘。陈塘夏尔巴人在以前也是刀耕火种，但从 1994 年以后，这种古老的生产方式就逐渐消失了。

【照片档案 108】

图片说明：石头上的田地

拍摄时间：2016 年 9 月

拍摄地点：陈塘镇

【照片口述】

1980 年，陈塘共有耕地八百多克（一克相当于一市亩，相当于 667 平方米）[1]，陈塘镇政府相关部门于 2010 年所做的年度国民经济情况的资料显示，陈塘镇 6 个村子的耕地面积仅有 980 亩，实际播种面积更少，人均不足半亩耕地。所以陈塘夏尔巴人对土地格外珍惜。

1 张国英：《珠穆朗玛峰东南麓陈塘藏族及其宗教习俗》，参见《民族学研究》第八辑，1986 年，第 293-300 页。

【照片档案 109】

图片说明：陈塘田地
拍摄时间：2013 年 7 月
拍摄地点：陈塘镇

【照片口述】

因为贡巴拉山高坡陡，平地很少，所以每一片地都无比珍贵。这里的田地没有形状，完全是顺势而成，最陡的有七十多度，一不小心就会滑滚下来；平的也以多边形居多，绝没有方方正正的。小的不足桌面大；大的也不过二三十平方米。虽然各有各的形状，但每一块田地都被打理得“清清楚楚”的。

【照片档案 110】

图片说明：在田地旁编竹篱笆防护墙
拍摄时间：2015 年 2 月
拍摄地点：陈塘镇
口述者：尼玛

【照片口述】

二三月份开始耕地之前，与石阶路及田间小路接壤的田地，主人们都会用竹篱笆将田地与路隔离，以避免大人小孩、大小牲畜随意进入田间地头，对作物造成破坏。在种植的时节，这些篱笆都是整整齐齐的，没有一处缺漏、歪倒。

【照片档案 111】

图片说明：从田地中穿过的台阶路

拍摄时间：2016 年 9 月

拍摄地点：陈塘镇

口述者：尼玛

【照片口述】

这是从西南方向进入陈塘的最后一段台阶路。台阶的两侧都安装有铁栏杆，保护着庄稼的安全。再往上就是达谷玛，是一个居高临下观赏朋曲藏布、嘎布藏布峡谷及尼泊尔基玛塘卡村壮美瑰丽风光的绝佳地点。

【照片档案 112】

图片说明：达谷玛的古日加机杰布石刻
拍摄时间：2016 年 10 月
拍摄地点：陈塘镇
口述者：拉巴丹增

【照片口述】

大石头平整竖直的一面对着尼泊尔，上面刻着各种藏传佛教的经咒，有四臂观音的“六字真言”，有文殊菩萨心咒，有莲花生大师心咒等。老人们相传这是朗章喇嘛离开陈塘时，献给陈塘的一个礼物。朗章喇嘛在陈塘修建了伟萨确林寺，然而因弘法时受到极大的阻碍，他最后心灰意冷而转道尼泊尔。达谷玛的古日加机杰布巨石位于陈塘镇村落的最南边，相传它能挡住从尼泊尔传过来的各种传染病，尤其是“麻风病”。

【背景资料】

被称为“古日加机杰布”的长方形大石头，高约 4 米，长约 6.5 米。也有村民认为这是很久以前的一位无名大师所刻。

【照片档案 113】

图片说明：与田地没有任何距离的陈塘镇 1

拍摄时间：2005 年 6 月

拍摄地点：陈塘镇

【照片档案 114】

图片说明：与田地没有任何距离的陈塘镇 2

拍摄时间：2015 年 2 月

拍摄地点：陈塘镇

【照片口述】

进入陈塘镇后，你会发现进入了一个大迷宫。里面所有建筑物因地势变化而分布，巷道也因此曲折蜿蜒，四通八达。巷道十分狭窄，最宽的也只逾一米。田地与民居及村落没有任何距离，直接由各个住屋向沟沟坎坎延伸着。冬季大风吹过，整个镇子都弥漫着田地表面刮起的浮尘。

【照片档案 115】

图片说明：镇中巷道

拍摄时间：2010 年 5 月

拍摄地点：陈塘镇

【照片口述】

2005 年，陈塘镇内的巷道是坑洼不平、泥泞不堪、遍布牲畜粪便的；如今已全修成石片路或水泥路，卫生状况大为改善，只是布局没有大的变化，还是那理不清、走不明的“迷宫”。因为陈塘镇的民居与田地没有任何距离，所以在镇里所有人畜通行的小路上，也都编有竹篱笆屏障，它有效地避免了牲畜与人类对农作物的破坏。

【照片档案 116】

图片说明：陈塘镇中心小广场

拍摄时间：2013 年 7 月

拍摄地点：陈塘镇

【照片口述】

若从达谷玛往西北方向走，穿过几块田地与小卖部，就来到一块不到二十平方米的小广场，那是一般人心目中的陈塘镇中心。在天气好的时候，老人们会不约而同地来到这里晒太阳，有上句没下句地闲聊，带小孩的妇人也会过来凑热闹，小孩则在小广场疯跑着。大人大声地训斥、小孩呼啸而过的尖叫与老人嘴角的微笑，这就是小广场的日常。它是陈塘藏戏团表演的唯一场所，由于周遭房屋的多次重建，小广场也在逐渐缩小。

有时来自尼泊尔的商人也会在这里摆摊出售小商品：尼泊尔的嚼烟[1]及高压锅、廓尔喀弯刀、各种铝质与不锈钢的生活小器皿等。

1 夏尔巴人用尼泊尔语“卡意内”来称呼它。

【照片档案 117】

图片说明：佛塔遗址

拍摄时间：2016 年 10 月

拍摄地点：陈塘镇

口述者：拉巴丹增

【照片口述】

这座佛塔及玛尼石刻[1]是恰当阿喇嘛出资请工匠刻的。对于恰当阿喇嘛，我也只知道他是个僧人，从卡达溪卡过来。他的生平、所属教派、到达陈塘的时间等问题都是一个谜。

【背景资料】

在小广场的东侧，有两座石制佛塔。它们被北边通往镇政府的巷道、西边的小广场及东南两侧的民居“挤”在里面。小的佛塔底层有几块大石头，上面刻满了藏传佛教的经文，有的已经开始长青苔，表面为淡淡的绿色。在大石头的上面，又堆着一些刻着经咒的玛尼石刻。

大的佛塔只剩塔基，它高一米有余；上面的部分被破坏，野草疯长的顶部堆着一堆玛尼石刻。在众多的文字玛尼石刻中，有两片图案为藏传佛教造像石刻，它们都为“减地线刻”[2]，一片雕的是佛祖释迦牟尼，另一片是四臂观音。

1 西藏民间的一种石刻艺术。指将佛教经文、各种经咒及图像镌刻于石板、石块或卵石上的石刻。
2 一种雕刻手法，沿花纹的外轮廓把石面表层剔去，让花纹部分凸起，内轮廓用阴刻线条。

【照片档案 118】

图片说明：基玛塘卡的佛塔群与村落
拍摄时间：2015 年 2 月
拍摄地点：尼泊尔基玛塘卡村
口述者：尕米

【照片口述】

这些石制佛塔及些许的玛尼石刻只是原先大规模佛塔群的幸存者。小广场以前有棵大核桃树，叫“达嘎热索”，有着大片的玛尼石刻与佛塔。它原先的形制与尼泊尔基玛塘卡村中心的玛尼石刻群很相似：两头为石制佛塔，中间是贴着玛尼石刻的石墙。

【照片档案 119】

图片说明：伟萨确林寺

拍摄时间：2017 年 2 月

拍摄地点：陈塘镇

口述者：拉巴丹增

【照片口述】

伟萨确林寺是朗章喇嘛修筑的，但他在陈塘传法时，受到了十分大的阻碍，包括修筑寺院也是一波三折。

他从萨迦经定日到陈塘，开始传法时，先在温泉曲真玛的朋曲藏布上方，修了一个小寺院叫“乔康”。不久，陈塘夏尔巴人在“乔康”附近进行“刀耕火种”的时候，不小心把乔康烧毁了。因为现在温泉曲真玛附近没有任何耕地，它周边为传统的狩猎场所，所以也不排除有故意烧毁的可能性。

朗章喇嘛与陈塘夏尔巴人打了官司，他打赢了官司——陈塘夏尔巴人赔偿给他三张金叶子（有人说是三个金章嘎[1]）。朗章喇嘛用它在陈塘镇修筑了伟萨确林寺。

1 章嘎为古时西藏流通的货币。形状类似于中国人民银行发行的硬币。

【照片档案 120】

图片说明："赤列拉垛"[1]
拍摄时间：2010 年 5 月
拍摄地点：陈塘镇
口述者：拉巴丹增

【照片口述】

这个小孩子脚下踩的石头叫"赤列拉垛"，它是朗章喇嘛离开时送给陈塘人的礼物。相传有它加持，陈塘夏尔巴人都能比周边地方的人长寿。

【背景资料】

伟萨确林寺坐北朝南，寺门正对着尼泊尔，寺前有个十多平方米的小广场。寺前右侧有块玛尼石碑，只刻着藏文"嗡、啊、吽"，在它的旁边，竖着一个大旗幡。寺前左侧靠镇政府旁有高一米有余的大石头，就是"赤列拉垛"。

1 藏语意为"长寿神石"。

陈塘镇政府
定结县
陈塘镇人大
陈塘镇党委

定结县
陈塘镇人

【照片档案 121】

图片说明：陈塘镇政府大门 1
拍摄时间：2013 年 7 月
拍摄地点：陈塘镇

【照片档案 122】

图片说明：陈塘镇政府大门 2
拍摄时间：2014 年 1 月
拍摄地点：陈塘镇

【照片口述】

镇政府紧挨着伟萨确林寺，纬度：北纬 27°86′，经度：东经 87°41′，海拔高度约为 2522 米。它没有威武的大门，围墙对着从伟萨确林寺过来的巷道开了一扇木制的门，它一旁挂着白底黑字“陈塘镇政府”的木牌、白底红字的“陈塘镇党委”木牌，以及位于中间白底红字的“定结县陈塘镇人大”木牌，这就是政府大门了。[1] 从木牌的字体及颜色上分析，这些木牌并不是在同一时间挂上去的。

1 这些图片是 2014 年前的景象，后来镇政府进行了扩建。

【照片档案 123】

图片说明：重建中的镇政府

拍摄时间：2017 年 3 月

拍摄地点：陈塘镇

【照片口述】

镇政府位于一个“凸”出的台地之上，比周边的建筑高，其东北角是一个三十余米的绝壁，再下面就是层层块块的田地，一直延伸到朋曲藏布。它的南岸，就是藏嘎村。

【照片档案 124】

图片说明：镇东北角上方的土路

拍摄时间：2015 年 2 月

拍摄地点：陈塘镇

【照片口述】

若往东北方向，沿着巷道的水泥台阶一直向上走，经过层层的梯田与民居，就走到了没有田地的最高处，也是水泥台阶的终点。它的北面是一条崎岖的羊肠山道，盘旋在朋曲藏布上方的悬崖绝壁中，那是去修修玛村、萨里村及两个温泉——茶曲玛与曲真玛的必经之道。在道路前有个高度超过两米的片石垒成的简易藏式佛塔，长方柱形，能依稀分辨出佛塔的塔基、塔腹及相轮。塔基较高，相轮十分简单，为一块向上的尖锥石头。

【照片档案 125】

图片说明：饮水工程

拍摄时间：2015 年 2 月

拍摄地点：陈塘镇

【照片口述】

陈塘的自来水还没有通到每家每户，村中仅有的几个国家“饮水工程”的出水口在每天的用水高峰时，都排满了人。不仅饮用水取自于此，洗菜、洗碗、洗衣服，甚至洗头洗澡也会用这个水。

【照片档案 126】

【照片档案 127】

图片说明：防洪指示牌

拍摄时间：2013 年 7 月

拍摄地点：陈塘镇

【照片口述】

若走在陈塘的巷道里，不时能看到用藏汉两种文字写的一些触目惊心的铁皮招牌：“防御山洪、迅速转移”“安全区”，这些都是蓝色白字；而“山洪威胁区”则是白底红字，它离房子咫尺之距，不知每次大雨时，这些处于“山洪威胁区”范围的人是如何地彻夜不眠、提心吊胆的。

陈塘六村

陈塘镇下辖那塘村、藏嘎村、比塘村、沃雪村、萨里村及修修玛村六个自然村。对于比塘村、沃雪村、萨里村及修修玛村这四村（以下简称陈塘四村）的村民来说，他们几乎都有两所房子，聚集在陈塘镇政府所在地半山腰上的房子是“冬营地”，也可以叫“主营地”，它是享受安逸生活之处，生老病死、婚丧嫁娶都在这里展开，绝大多数的房子都是宽敞而坚固的，而且家中大部分家具、大件财物及收成都会放在冬营地里。

陈塘镇作为冬营地的房子，大都为二层坚固的石墙房屋。房间里铺有木质地板。底层圈养各种家畜，贮藏木柴和杂物。房子通常被火塘的柴火烟熏火燎得又黑又脏。房间很大，都开有窗户。虔诚的人家中会摆设一个佛龛。

陈塘四村的名称是根据他们夏营地的所在地而命名的，所谓的夏营地，有点像游牧民族的“转场”，只是牧民的转场流动的是牛羊，而他们是根据天气收成，让自己“迁徙”于陈塘镇与夏营地之间。陈塘四村的每户村民在“夏营地”大多都建有房子，那里是劳作耕耘之所，房间布局也相对简陋。他们除了每年夏天的 7 月至 11 月夏营地的农忙季节之外，其余时间几乎都住在冬营地陈塘镇。一般农忙的时候，家中老弱幼小也会留在镇里，只有壮劳力才到夏营地去居住、劳动。

【照片档案 128】

图片说明：去夏营地的老人与小孩

拍摄时间：2011 年 8 月

拍摄地点：萨里村

【照片口述】

当春天万物苏醒之时，陈塘四村的村民们就离开陈塘，带着简单的生活用品与牲畜，来到夏营地简陋的家，播种下第一季的农作物，耕地、播种、施肥、除草等农活，这些足够他们忙活一阵子；夏天到了，第一季的农作物成熟，又要收割、晾晒、贮藏，同时又开始下季作物的耕地、播种；与此同时，也要防止山上的黑熊、野猪等猛兽对庄稼的破坏；直到秋天，当最后的收成落袋为安，当人们把收成运到陈塘后，他们便择日收拾好行李，把门一锁，赶着大小牲畜，背着鸡，从夏营地回到陈塘，开始享受冬日陈塘的温暖阳光及各种热闹的庆典、法会、仪式。

【照片档案 129】

图片说明：有四种颜色的陈塘民居
拍摄时间：2013 年 7 月
拍摄地点：陈塘镇
口述者：昂给

【照片口述】

由于陈塘四村的村民混居在陈塘镇内，给外来者造成了辨识上的困难。于是按照村籍，在人字形的屋顶上铺上不同颜色的铁皮瓦：比塘村为蓝色，沃雪村为红色，萨里村是灰白色，修修玛村为棕红色，这样只须观察屋顶铁皮的颜色，就能知道房主的村籍了。

【照片档案 130】

图片说明：田地中的那塘房子
拍摄时间：2010 年 5 月
拍摄地点：那塘村

【照片口述】

那塘意为“森林中的平地”。2010年，那塘村共有52户，279人；2013年，共有60户，280人。田地中，有田埂相通，并与周边房子相连。为了区分田地的归属，有的田边会砌着用石块垒成的田界。

【照片档案 131】

图片说明：桃花中的那塘村
拍摄时间：2014 年 4 月
拍摄地点：那塘村

【照片口述】

图左上方的蓝色铁皮木屋，即为上图“田地中的那塘房子”中的房子，房顶从木质鱼鳞板换成铁皮了。此房为陈塘镇现存最古老的民居，至今已有八十多年。它建在一块凸起的平台上，与周边的田地没有任何距离。老房子有个前院，老母鸡伴着洗衣机的噪声，带着小鸡在院子内觅食。船形的小储存室在前院边上，它用木板筑成，顶上是用竹篾编成的中间高两头低的半圆形房顶。

【照片档案 132】

图片说明：那塘玛尼石刻

拍摄时间：2017 年 6 月

拍摄地点：那塘村

口述者：拉加

【照片口述】

听老人说，这是朗章喇嘛出资请人雕刻的。他在那塘的山上曾有个小寺院，在那里闭关修行。如今这地方也很难找到了。

此玛尼石刻放置在拿当曲北岸的一块巨石之上，为浅底线刻，图案有经咒及藏式佛塔等。

【照片档案 133】

图片说明：那塘村的拉加老镇长
拍摄时间：2011 年 8 月
拍摄地点：那塘村

【照片口述】

拉加老镇长是陈塘夏尔巴人致富的典范。当公路修到那塘村时，他抓住机会，开了陈塘第一家家庭旅馆，集住宿、餐饮、小卖部为一体。他是很多人口中的“陈塘首富”。从镇长位置退下来后，老镇长并未颐养天年。去他家几次，我都因为其上山劳作无功而返。

虽然当了多年的镇长，但他的汉语还不熟练。当时陈塘建区的时候，没有合适的工作人员，于是就从当地的积极分子中培养（陈塘人说比较特殊）。老镇长虽然不懂汉语，不识汉字，但熟悉当时情况，办事公正，所以事业也做得有声有色。

【照片档案 134】

图片说明：藏嘎村
拍摄时间：2013 年 7 月
拍摄地点：陈塘镇

【照片口述】

藏嘎，是朋曲藏布边上的村落之意。2010 年，该村共有 43 户人家，249 人；2013 年，为 52 户，247 人。规划中，这里将建起夏尔巴广场、陈塘海关、陈塘口岸等建筑，将是陈塘发展的一个热点。

【照片档案 135】

图片说明：翻看旧照片的洛坚老人
拍摄时间：2011 年 8 月
拍摄地点：藏嘎村
口述者：洛坚

【照片口述】

我是土生土长的藏嘎村人，有一张 1977 年的相片我还保存着，那是陈塘夏尔巴人第一次以代表的身份在首都北京留下的珍贵合影。1977 年，西藏自治区党委、自治区革命委员会组织了一个由边境少数民族组成的参观团赴内地参观学习。这个参观团由中印、中尼接壤地区的藏族、门巴族、珞巴族、怒族和僜人、夏尔巴人组成，我就是他们中的一员。参观团参观了北京、天津、河北、成都等地，受到了阿沛·阿旺普美等领导的接见。

（照片的题头为：西藏自治区边境少数民族参观团北京留念 77.6.12。洛坚老人头发灰白，背微佝。说起这些往事时，他笑容满面。）

【照片档案 136】

图片说明：比塘双瀑

拍摄时间：2016 年 10 月

拍摄地点：陈塘镇

【照片口述】

比塘村与沃雪村分别位于亚云山的山腰，它们处在陈塘镇的东边，隔着朋曲藏布两两相望。山体沟壑中流下两条细长美丽的瀑布，分别叫巴沃琼布与喇嘛钦布。陈塘夏尔巴人的民间宗教认为有重要的神灵在此栖息。

【照片档案 137】

图片说明：比塘村村口佛塔

拍摄时间：2013 年 7 月

拍摄地点：比塘村

【照片口述】

在进入比塘村之前，要经过一个片石垒成的简易藏式佛塔。佛塔呈长方柱形。佛塔的片石表面上长满的青苔，说明它已经有一定的年代了。相传它可以利用佛塔是佛祖“身、语、意”的化身的强大力量，阻挡从此道进入比塘的邪灵、恶魔、异鬼等不洁不祥之物，象征着村庄的精神或信仰上的“安全”界限。

【照片档案 138】

图片说明：比塘村

拍摄时间：2013 年 7 月

拍摄地点：比塘村

【照片口述】

比塘在夏尔巴语中，意为“小老鼠出没的山村”。2010 年，比塘村一共有 86 户，422 人；2013 年，共 95 户，435 人。

上面有个叫“东雄浦”的山洞。在中尼战争时，有一千个战士躲藏在里面，伺机而动，东雄浦因此而得名。

【照片档案 139】

图片说明：雪后比塘村

拍摄时间：2015 年 2 月

拍摄地点：陈塘镇

【照片口述】

大雪降临，比塘村的冬小麦依旧是春意盎然，长势良好。因为是夏营地，所以村中很多民居都保存着古老的模样。近年来，屋顶上的木质鱼鳞板也慢慢地被替换成铁皮顶了。

【照片档案 140】

图片说明：比塘村村民多吉平措
拍摄时间：2013 年 7 月
拍摄地点：比塘村

【照片口述】

多吉平措在比塘村的田地中，背景是陈塘镇。他是“陈塘洛本联合会”的会长，有多种身份：法师、父亲、丈夫、农民、藏医、裁缝，等等。其父扎西次仁是陈塘的著名人物，人称“陈塘扎西”，曾为陈塘最好的骨科藏医。扎西次仁自 1976 年开始在定结县委统战部工作，1990 年卒于任内。

【照片档案 141】

图片说明：沃雪村
拍摄时间：2013 年 7 月
拍摄地点：沃雪村

【照片口述】

沃雪村 2010 年共有 96 户，448 人；2013 年有 106 户，473 人，是陈塘镇人口最多的村庄。近年来，村里屋顶上的木质鱼鳞板也慢慢地被替换成铁皮顶了。

【照片档案 142】

图片说明：雪后沃雪村
拍摄时间：2015 年 2 月
拍摄地点：陈塘镇

【照片口述】

沃雪村上方有高山牧场“隔珠玛”，传说有古人宗巴旺久在此猎杀过“野人”，并有小道经打索寺到达曲当乡。

【照片档案 143】

图片说明：沃雪村的拉则

拍摄时间：2013 年 7 月

拍摄地点：沃雪村

【照片口述】

拉则建在沃雪村的一道山脊的台地上，鸟瞰沃雪村，一览无余。它的底部是用片石垒成的“小石龛”。龛内石板上贴着一张藏文经咒。石龛周边插着树杆与竹枝，绑在上面的经幡已所剩无几。

【照片档案 144】

图片说明：陈塘到萨里村、修修玛村的路

拍摄时间：2011 年 8 月

拍摄地点：萨里村

【照片口述】

从陈塘镇东北角最高处的佛塔出发，就是通往萨里村与修修玛村的“羊肠小道”，它沿着山形，顽强地在朋曲藏布冲刷出来的深沟绝壑像“过山车”一般穿行。在夏季，山路上杂草丛生，要注意会“蜇”人的火麻草、令人防不胜防的旱蚂蟥、必须蹚水而过的山涧。而在冬季，只要不下雪，路就好走多了。

【照片档案 145】

图片说明：去山上背柴火的少女
拍摄时间：2015 年 2 月
拍摄地点：陈塘到萨里村的路上

【照片口述】

陈塘到萨里村的沿途都是林地，因为这些林地距离陈塘镇比较近，所以住在冬营地陈塘的夏尔巴人会在这些林地里砍薪柴、搂落叶给牲畜、开荒等。夏尔巴人很小就开始分担家中的劳务了。

【照片档案 146】

图片说明：牛羊的“挡墙”

拍摄时间：2017 年 2 月

拍摄地点：陈塘镇

口述者：尼玛

【照片口述】

这挡墙有铁丝网门可以开合，以防止牲畜走出放养的区域及破坏无人看守的田地。铁丝网的门用活结“锁”着，行人打开活结，通过铁丝网门后，都会把门再“锁”上。

【照片档案 147】

图片说明：陈塘到萨里村、修修玛村的悬崖路
拍摄时间：2015 年 2 月
拍摄地点：萨里村
口述者：尼玛

【照片口述】

这是陈塘到萨里村、修修玛村中途的悬崖路段。这个路段是最难走的——头上顶着万丈绝壁，下面是奔腾的朋曲藏布，脚底的路坑坑洼洼，行人有时需要在岩石上直上直下地跳跃。到 2013 年 3 月，路况有了明显的改善，相传是一个信奉“喇嘛”的村民去世后，他的亲朋好友对此段路进行修缮，以此积攒他的功德。2015 年，政府对此段路线进行了整改，加了铁栏杆，路况变得更好了。2016 年，藏嘎到修修玛村的公路开始施工，公路从悬崖下面穿过，机器的轰鸣声不绝于耳。

【照片档案 148】

图片说明：萨里村村头的拉则
拍摄时间：2016 年 10 月
拍摄地点：萨里村

【照片口述】

从陈塘方向往萨里村走，快到萨里村时，在一个三岔路口上有个拉则，里面插满顶端留着竹枝的竹竿及已经枯黄的树枝，它们的上面系着哈达、经幡等。当地人说这是本地神灵的居所。

【照片档案 149】

图片说明：萨里村的新旧民居
拍摄时间：2017 年 3 月
拍摄地点：萨里村

【照片口述】

萨里村位于朋曲藏布的西岸，2010 年有 69 户，312 人；2013 年有 75 户，311 人。前方为以竹篾席为顶的老房子，如今这种老房子不是被当作仓库就是被废弃了。后面是新盖的以铁皮为顶、有石墙的新房。

【照片档案 150】

图片说明：塔杰的夏营地
拍摄时间：2013 年 7 月
拍摄地点：萨里村

【照片口述】

塔杰是萨里村的村民，他的夏营地“镶”在山路下，是朋曲藏布悬崖壁中的小块平地，平地两端与上下都是悬崖，房子就孤零零地建在中间。在上方看似平地，到跟前一看，却是乱石岗。塔杰正是利用乱石岗之间的块地、坡地进行耕种。到达塔杰的夏营地的住所，必须沿着一条“切”在悬崖边上的小道向下才能到达。

说是住所，其实也就是个长约 5 米、宽约 3 米的石头屋。根据门口立的竹经幡判断，家中大大小小有六名成员。“人”字形屋顶一半是铁皮，一半是用竹篾编成的竹席铺就而成。房子是用方石块垒成，没有任何的粉刷，石头“硬朗”地裸露着。由于房间太小了，所以感觉十分局促。进门的两侧堆着几百斤的土豆，还来不及运到陈塘。用两片三合板挡着的土豆堆的后面，是塔杰与老伴的生活空间，中间是一个小火塘，半米见方，中间是用角铁做的锅架。火塘旁为铺在地上的木板床，上面铺着小毛毯。在火塘的石墙上，利用缝隙或突出部分，放着或挂着盐、酥油、茶叶等必需品。

【照片档案 151】

图片说明：修修玛村与萨里村村界上的拉则
拍摄时间：2017 年 3 月
拍摄地点：修修玛村与萨里村的村界

【照片口述】

拉则所在的位置正是修修玛村与萨里村的村界，它靠山而建，底部是用片石垒成的“小石龛”。龛内石板上贴着一张藏文经咒符和圆形咒符。石龛两侧也贴有经咒。龛前与龛顶堆放着信众“供奉”的开着白色小花的“白叶蒿”，有些十分新鲜，似乎是采来刚放上去的。龛的后方插着近二十支顶端留着竹枝的竹竿及几棵叶子已经枯黄的树枝，它们的上面系着哈达、经幡等；还有一根木制长矛，矛上还沾着三片酥油。

【照片档案 152】

图片说明：“塔多”门
拍摄时间：2017 年 3 月
拍摄地点：修修玛村
口述者：昂给

【照片口述】

“塔多”是一个木门框，立于修修玛村的村口，它是个象征性的防御物及安全界线。它并不需要实质的木门来强调这界线，而是通过门框上方及门框上的器物来体现。

门框的中央绑着两把交叉的木刀，木刀下面悬空挂着构成十字形的两男根与一张搭箭张开的弓，再下方挂着一块画有女阴的木板。

门框的两侧也绑有器物。靠内一侧的简单些，只有一条哈达及画着女阴的木板，女阴的周边缠有黑色牛毛，代表阴毛。靠外一侧更复杂，有一套男根与女阴，男根根部与女阴周边，也缠有黑色牛毛。男根的根部上还放有“白叶蒿”，似刚放上去的。有弓箭一套，箭搭在张开的弓上面，对准的方向与男根的方向一致——向着外面的“虚空”。还有一支木矛，其尖端也是对着外面。

【照片档案 153】

图片说明："塔多"大门细节图
拍摄时间：2016 年 10 月
拍摄地点：修修玛村
口述者：昂给

【照片口述】

"塔多"有防御及划出界线的功能。引起致死祸害、破坏及邪祟的恶魔是无形的。弓、箭、矛、男女生殖器及蒿草经过仪式加持后，有着神秘、不可捉摸、无形的力量，能有效地威胁它们，让它们不能越过门框这个界线。

在 2016 年 3 月之前并没有这种建筑。因为 2016 年村中死亡的村民远超往年，加之 2015 年"4・25"尼泊尔大地震，所以村民们修了这个木门框。

【照片档案 154】

图片说明：修修玛村村口的佛塔
拍摄时间：2015 年 2 月
拍摄地点：修修玛村

【照片口述】

过了“塔多”大门，进入修修玛村之前，也要经过一个简易的藏式佛塔。它高度超过 2 米，用片石垒成，呈长方柱形，能依稀分辨出佛塔的塔基、塔腹及相轮。塔基较高，相轮十分简单，为一块向上的尖锥石头。其功能与比塘村村口的藏式佛塔一样。

【照片档案 155】

图片说明：修修玛村的民居
拍摄时间：2011 年 8 月
拍摄地点：修修玛村

【照片口述】

修修玛村在当地夏尔巴语中，意为“蒿草丛生之地”。该村纬度约为北纬 27° 90′，经度约为东经 87° 37′，海拔 2582 米，距陈塘镇直线距离为 5 千米；有 76 户，分成修修玛与皮子参组两个聚落。2010 年，修修玛村共有 76 户，352 人；2013 年，共有 88 户，374 人。朋曲藏布在修修玛村附近留下了“U”字形的拐弯，形成富饶肥沃的冲积地。村民沿着山形，自下而上地开垦出一块块的小田地。古朴的民居就散落在田地里。

【照片档案 156】

图片说明：坐在屋顶上打招呼的妇人

拍摄时间：2011 年 8 月

拍摄地点：修修玛村

【照片口述】

村中的主道是用石头垒起来的，两旁长满了杂草，想必是很少有人去打理。民居少见陈塘镇里的二层土石铁皮样式，其面积都不大，以单层为主，顶上是大木板铺成的鱼鳞板式的房顶。闲时人们常坐在房顶上，看村子的人与动物的活动、天上的云卷云舒以消磨时光。这里的人十分热情，见谁经过都会大声地打声招呼。

【照片档案 157】

图片说明：老人与小孩

拍摄时间：2011 年 8 月

拍摄地点：修修玛村

【照片口述】

村里没有陈塘镇的喧嚣，没有小卖部，没有台球桌，没有琅玛厅[1]，显得悠闲清静。老人们晒着太阳，妇女看守屋外的庄稼，男人们在田地里劳作，匠人们在编着竹篓，还有那带着纯真笑容、自由自在玩耍的儿童。

1 流行于西藏的一种歌舞娱乐场所。

【照片档案 158】

图片说明：堪布瓦神山与他的坐骑

拍摄时间：2017 年 3 月

拍摄地点：修修玛村

口述者：多吉平措

【照片口述】

修修玛村三面被山林环绕，其北面不起眼的两座相连的小山，是陈塘夏尔巴人重要的神山，左边的山叫“堪布瓦”[1]，右边的一座叫“达多”，意为神马山。堪布瓦神住在堪布瓦山里，坐骑达多山就在旁边，所以山神

要出去行善除恶时，很方便。

“堪布瓦”是夏尔巴语音译，为陈塘洛本法师中仅次于颇拉的特别重要的神灵。

1 意为土地神。

【照片档案 159】

图片说明：堪布瓦神山上的拉则

拍摄时间：2015 年 3 月

拍摄地点：修修玛村

【照片口述】

堪布瓦神山对着修修玛村的一侧是个绝壁，要到达它的山头并不容易。平时上山的人并不多，山道在陈塘湿润的气候下，野草疯长后，更加分不清道路了。在绝壁的顶端，有一块小平台，插着几十支顶端留着竹枝的竹竿，上面绑着哈达或经幡，那是每年藏历十月修修玛村的男性村民一起前来祈福时竖立的。竹竿呈单排，对着修修玛村。由于平台的浮土不深，所以竹竿绑有横木，两端再固定在两棵长势良好的树木之上。

【照片档案 160】

图片说明：皮子参组村口的拉则 1

拍摄时间：2016 年 10 月

拍摄地点：修修玛村

【照片档案 161】

图片说明：皮子参组村口的拉则 2

拍摄时间：2016 年 10 月

拍摄地点：修修玛村

【照片口述】

修修玛村的皮子参组就位于神山的后面，只有十多户人家。到达皮子参组必须要经过“隆家曲”溪上的木桥。过桥后，有一个小型的拉则，石头的佛龛上只有正面贴着符咒，周围同样供奉着白叶蒿；后面只插着三根竹竿，上面系着哈达。在拉则的后面，一面五星红旗正迎风飘扬。

【照片档案 162】

图片说明：民居与田地

拍摄时间：2016 年 10 月

拍摄地点：修修玛村皮子参组

【照片口述】

皮子参组夏营地的房子普遍比修修玛村大多了，房内格局没有太大的差异。走在村内古老的石头路上，能听到久违的狗吠声（陈塘镇及修修玛村狗很少），然后马上就有人走到房门或从窗户里探出头来，看来者是何方神圣。

若 9 月份到达皮子参组，能看到一块一块的田地上盛开着粉红色的荞麦花，到 10 月底，荞麦成熟后，田地就变为深红色。在村中能看到很多杂草丛生的田地，那是轮耕的田地。为了让田地蓄积肥力，有些田地在耕作后，人们会让它“休息”一下，来年再耕作。

【照片档案 163】

图片说明：水磨坊 1
拍摄时间：2016 年 10 月
拍摄地点：修修玛村皮子参组
口述者：尼玛

【照片档案 164】

图片说明：水磨坊 2
拍摄时间：2016 年 10 月
拍摄地点：修修玛村皮子参组
口述者：尼玛

【照片口述】

村里还有个可能是陈塘唯一“幸存”的水磨坊，如今还在使用着。在那里研磨的作物一般是荞麦，还有少量的青稞。以前陈塘有好几个这样的水磨坊。

【照片档案 165】

图片说明：独木铁丝网桥
拍摄时间：2016 年 10 月
拍摄地点：修修玛村
口述者：拉巴

【照片口述】

这是一座横跨朋曲藏布的铁索桥，它与老藏嘎桥一样，也是“伸臂式”的。这座桥主要是让修修玛村的村民去对岸放牧、耕作及采药材。虽然看起来简陋，只用一块木板做桥面，但是最大的犏牛在桥上通行是没有问题的。

走在桥上，桥下的朋曲藏布，水流湍急，涛声如雷。铁索桥左摇右晃，没点胆量的人还真不敢过去。

民居布局

陈塘夏尔巴人在国家大力实施的“强边富民”政策及几次大地震后政府对受灾群众无私的帮扶下，其居住条件有了极大的改善。原来穷人住的竹篾席为顶的船形房现在早已没人居住，不是被改造，就是被当作仓库或者被废弃。

如今冬营地的房屋大都为两层楼房。大家用石块在四周垒成厚墙，然后在墙上架梁造楼，楼下堆放零星物什或圈养牛羊，楼上住人。有的房屋因为宅基地的坡度太大，底层后面着地，前面就要支起一层楼的高度。房屋多为石木结构，但使用木料的地方相对较多。2015年“4·25”尼泊尔大地震后重建的新房，其底层很多被改造成商铺或住房，而不再用来关牲畜了。

修建新房在古时的陈塘是一件大事，不仅需要几辈子的财富积累、族姓成员间的无私帮助、阿亚的出谋划策、主人们的劳心费力，还必须举行各种仪式。比如在划定地基时，因破土动工伤害“土地神”而举行的安抚仪式；在房屋上大梁的时候，要在房梁上挂上木制的“男根与女阴”，相传可以防止邪魔对房屋结构的破坏；在房屋落成的时候，要请法师举行“安宅”[1]仪式，同时也要请亲朋好友一起庆贺，这时会唱到一曲古老的歌曲：“祈求神灵冬天不要刮大风，如若刮大风，也不要把房子刮倒；夏天不要涨大水，如若涨大水，也不要把房子冲倒；平日祈求平安，愿家里的财物不要被人偷盗。”

1 仪式由喇嘛或洛本法师主持，有一定的仪轨，下文将详述。

【照片档案 166】

图片说明：修筑新房
拍摄时间：2017 年 3 月
拍摄地点：陈塘镇
口述者：尼玛

【照片口述】

以前的房子都用木头做原料，木头的墙壁、木头的地板、木头的房顶。现在夏尔巴人起新房，都是用片石做外墙，十分结实。修房的工人来自四面八方。

现在的新房子基本上都是两层，上二楼的楼梯也盖在房子里面。

【照片档案 167】

图片说明：修筑夏营地的新房
拍摄时间：2016 年 10 月
拍摄地点：萨里村
口述者：尼玛

【照片口述】

现在夏营地新盖的房子也都是用石木结构了，但比起冬营地的房子，面积小多了。盖房子的时候，有人会过来帮忙，当他们家中有事时，你也要过去帮忙。

【照片档案 168】

图片说明：悬崖上采石料
拍摄时间：2017 年 3 月
拍摄地点：陈塘镇
口述者：尼玛

【照片口述】

陈塘镇运输不便，镇里适合开采石料的地方也不多，差不多都被采完了。为了能采集到石料，大家也只能冒着一点小危险了。

【照片档案 169】

图片说明：水泥砖墙体

拍摄时间：2017 年 6 月

拍摄地点：陈塘镇

口述者：尼玛

【照片口述】

现在很多陈塘夏尔巴人采用水泥空心砖建新房。水泥砖是在藏嘎村制作完成以后，再运到陈塘镇来的。

【照片档案 170】

图片说明：尼泊尔大地震后新建的民居
拍摄时间：2017 年 2 月
拍摄地点：陈塘镇
口述者：尼玛

【照片口述】

在 2015 年“4·25”尼泊尔大地震中，陈塘是重灾区，不少民居因此而受损。大地震后，国家斥巨资为重灾户重修了钢筋水泥框架的新房。由于外表的水泥框架被涂成了红色，所以人们一眼就能从外表上看出来。

【照片档案 171】

图片说明：灾后宣传栏

拍摄时间：2016 年 10 月

拍摄地点：藏嘎村

【照片口述】

尼泊尔大地震后，陈塘镇的党政干部做了大量细致而又艰苦的工作。从宣传栏中也可以看到政府对陈塘的规划也是雄心勃勃的。陈塘口岸区、藏嘎新区、夏尔巴风情区、陈塘标志塔、特色旅游小镇等规划落实之后，陈塘将迎来崭新的面貌。

【照片档案 172】

图片说明："压"大梁的"男女生殖器"

拍摄时间：2013 年 7 月

拍摄地点：藏嘎村

口述者：昂给

【照片口述】

在新房的大梁安放好以后，要在大梁上拴上代表男女生殖器的器物：男根用树干雕成，女阴用木板画出。在当地民俗中，它们能防止邪魔对房屋结构的破坏，让房屋的大梁稳固，避免它倾斜、倒塌，也能让以后住在这里的人们子孙满堂。

【照片档案 173】

图片说明：经书

拍摄时间：2011 年 8 月

拍摄地点：那塘村

口述者：陈乃文

【照片口述】

1980 年，我们去陈塘调查的时候，有些人家里的经书是直接放在房梁上的。因为房梁比人高，把珍贵的经书放在上面，以示对它们的尊重。更重要的是他们认为用经书所代表的神秘力量可以加持房梁，让整个房子更加坚固。

【照片档案 174】

图片说明：安宅仪式 1
拍摄时间：2017 年 3 月
拍摄地点：陈塘镇
口述者：多吉平措

【照片口述】

陈塘夏尔巴人认为，修筑新房子或是对旧房子进行翻新，会有砍伐树木、挖掘田地、破坏岩石等行为，这些都会对土地神、鲁神、年神等神灵造成滋扰或引起他们的怨恨，所以必须尽早、尽快地举行安宅仪式，来抚慰他们，避免他们的报复。

【照片档案 175】

图片说明：安宅仪式 2

拍摄时间：2017 年 3 月

拍摄地点：陈塘镇

口述者：多吉平措

【照片口述】

安宅仪式上除了法师，还需要多个助手一起来进行，不过都必须是男性才能担任。

【照片档案 176】

图片说明：建于巨石上的房子 1

拍摄时间：2010 年 5 月

拍摄地点：那塘村

【照片档案 177】

图片说明：建于巨石上的房子 2

拍摄时间：2013 年 7 月

拍摄地点：那塘村

【照片口述】

在那塘村的朋曲藏布东岸，有座建在巨石上的民居，这是每个首次到达陈塘的游客的视觉焦点之一。

【照片档案 178】

图片说明：玛尼石碑 1

拍摄时间：2005 年 6 月

拍摄地点：陈塘镇

【照片档案 179】

图片说明：玛尼石碑 2

拍摄时间：2010 年 5 月

拍摄地点：陈塘镇

【照片口述】

玛尼石碑位于房屋正门前，与房屋有一两米的距离，它深埋在地里，有文字的部位露在上面。石碑上刻的经文以藏文的“嗡、啊、吽”三字明为主。“嗡、啊、吽”三字明，又叫“金刚诵”，是藏传佛教一切咒语的根本咒，在藏传佛教很多艺术品的背后，都会写上这个咒语，以示开光、加持。最复杂的一块石碑，在三个面上都写有藏文咒语，一面是莲花生大师的心咒——嗡、啊、吽、班、杂、咕、噜、叭、嘛、悉、地、吽；一面为四臂观世音菩萨的心咒——嗡、嘛、呢、叭、咪、吽；一面就是“嗡、啊、吽”。

石碑在陈塘的数量不多，有十多根。一个人拥有石碑并不能说明他的身份与族姓及宗教信仰。

【照片档案 180】

图片说明：玛尼石碑 3

拍摄时间：2017 年 2 月

拍摄地点：陈塘镇

【照片档案 181】

图片说明：旗幡

拍摄时间：2010 年 5 月

拍摄地点：陈塘镇

【照片口述】

旗幡都是绑在玛尼石碑上的。常见的旗幡与藏传佛教寺院门前树立的旗幡很相似。杆头最上端是木雕的长矛，下方是日月的图案，再下面缠着黑牛皮，杆上绑着风马旗。这种房前树旗幡的方式在我国喜马拉雅南麓边境地区的民居中比较常见，如在陈塘上方的日屋镇、亚东县的下司马镇及樟木口岸等地都有。

英国的罗伯特·比尔在其《藏传佛教象征符号与器物图解》一书中，对旗幡进行了专业性的解释："作为和平的标志，旗幡飘扬在整个佛地，成为佛陀教法的标识。在西藏，在传统上，要在庙宇、寺院、佛塔、桥梁、山口和其他吉祥地附近的圣地挂上旗幡。旗杆很高，是用松树、柏树或杉树的细树干制成。用钉在地上的绳索将旗杆竖起，绳上挂满印制的经幡。"[1]

1 罗伯特·比尔：《藏传佛教象征符号与器物图解》，向红笳译，中国藏学出版社 2014 年版，第 183 页。

【照片档案 182】

图片说明：新年立旗幡仪式

拍摄时间：2017 年 2 月

拍摄地点：陈塘镇

口述者：昂给

【照片口述】

每年藏历新年的时候，有的人会给自家屋前的旗幡换上新的经幡，并把底下的玛尼石碑上的藏文经咒用颜料涂抹一新。亲朋好友也会到场，为旗幡献上哈达，以求来年风调雨顺，人畜平安。立旗幡的时候，需要请喇嘛或洛本法师举行相关的仪式。

【照片档案 183】

图片说明：隆达[1]经杆

拍摄时间：2017 年 2 月

拍摄地点：陈塘镇

口述者：昂给

【照片口述】

除了国旗，陈塘夏尔巴人的屋前往往还立着几根经杆，最常见的是为屋内的人丁、牲畜、粮食祈福的叫作“隆达”的经杆，其杆头绑着系有白色或五色经幡的竹枝，其数量是屋内人口数加上为祈愿牲畜兴旺与粮食丰收的两支；为人丁祈福的经幡一人一支，上面要分别写上各自的名字及所属的生肖；每一支竹枝先绑在横木中，再一起绑在经杆上，在房前固定好。

1 隆达是夏尔巴人用来祈福转运的布制印刷品，以白色为主，上面绘有经咒及各种图案。

【照片档案 184】

图片说明：树立隆达经杆

拍摄时间：2015 年 2 月

拍摄地点：陈塘镇

口述者：昂给

【照片口述】

因为有的人家一连几年隆达经杆都没有取掉，所以有时观察经杆上竹枝的数量就能知道这家的人口数及近年添丁或减员的情况。

树立隆达经杆多在每年藏历新年的时候，隆重时需要请喇嘛或洛本法师举行相关的仪式。

【照片档案 185】

图片说明：印制经幡 1

拍摄时间：2014 年 2 月

拍摄地点：陈塘镇

口述者：多吉平措

【照片档案 186】

图片说明：印制经幡 2

拍摄时间：2014 年 2 月

拍摄地点：陈塘镇

口述者：多吉平措

【照片口述】

印制布制经幡及纸质经咒的雕版叫巴嘎尔。雕版上刻的经文图案都是“反”的，在表面均匀地刷上墨水，把布料或藏纸贴在上面，用大刷子用力慢慢地刷几遍，经幡就制成了。

布制的经幡还要在一侧缝条口子，方便悬挂。

【照片档案 187】

图片说明："将参彭琼"经杆

拍摄时间：2013 年 7 月

拍摄地点：陈塘镇

口述者：昂给

【照片口述】

若家里藏有经书、佛龛内供有朵玛，则还要树立一支叫"将参彭琼"的经杆。它是一根去除枝叶只保留树冠的杉木杆，树冠下挂上白色的经咒印刷品，有祛病防灾的功能。树立的时间没有太多规定，需要由喇嘛或洛本法师举行相关仪式。（图中左边第三支）

【照片档案 188】

图片说明：老式房顶
拍摄时间：2013 年 6 月
拍摄地点：沃雪村
口述者：尼玛

【照片口述】

夏尔巴人的老式屋顶是用木质鱼鳞板铺成。讲究的人家用上等松木劈开的木板一层层覆盖，斧头劈开的木板一般长一米，宽十至二十厘米。下雨时，雨水沿着木板上自然的沟纹下流。为防风，木板上横着压有几道宽六七厘米、长两米的方木，方木上再压上石块。

【照片档案 189】

图片说明：大门上的符咒 1

拍摄时间：2015 年 3 月

拍摄地点：陈塘镇

【照片档案 190】

图片说明：大门上的符咒 2

拍摄时间：2014 年 3 月

拍摄地点：陈塘镇

【照片档案 191】

图片说明：大门上的符咒 3

拍摄时间：2011 年 8 月

拍摄地点：那塘村

【照片档案 192】

图片说明：大门上的符咒 4

拍摄时间：2015 年 3 月

拍摄地点：比塘村

口述者：昂给

【照片口述】

很多夏尔巴人会在门扇、门框、门楣、窗边及墙壁上贴满各种图案的符咒。这些符咒用印经版刷墨汁在白纸上印制而成。相传它能避免恶鬼、精灵或对人有害的污秽进入房内。有些符咒因年代久远，呈暗黄色。有的人还会在门楣上挂着牛头、龟壳等物，据说也能起到相同作用。

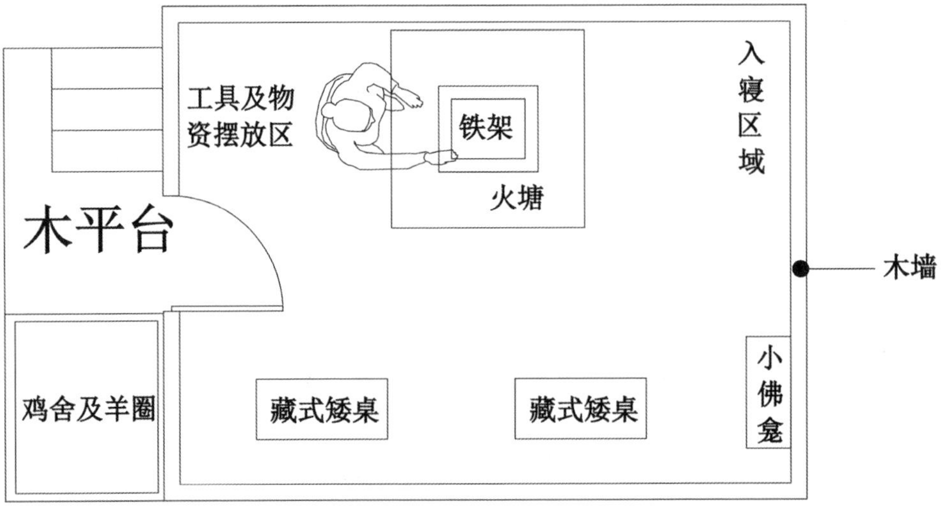

图 1 夏营地平面图（比塘村的多吉平措家）

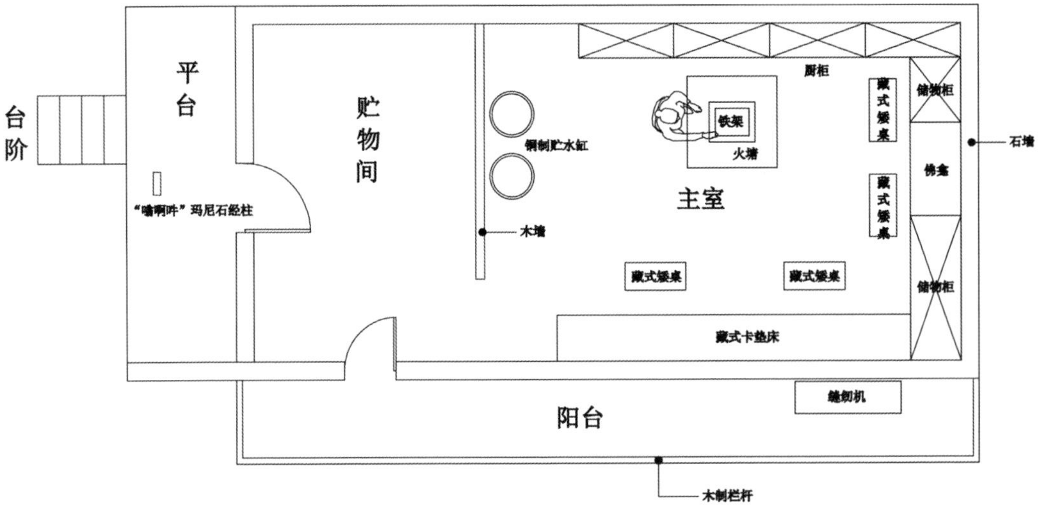

图 2 冬营地平面图（陈塘镇的多吉平措家）

【照片档案 193】

图片说明：主室

拍摄时间：2017 年 6 月

拍摄地点：那塘村

口述者：拉加

【照片口述】

这是我的主室，距今已有八十多年的历史了。从盖好那天起，它基本上保持着原来的状态。主室只有一间，是集厨房、餐厅、卧室、客厅、储藏室、佛堂等诸多重要功能为一体的场所。它像一个木盒子，连地板也是用粗加工的木板一块一块地拼合起来的，在长时间的烟熏火燎下，墙壁、承重的柱子、大梁等都变成了黑色。

【照片档案 194】

图片说明：夏尔巴火塘 1

拍摄时间：2010 年 5 月

拍摄地点：陈塘镇

【照片口述】

火塘是敞开式的，在地板下挖出一个 1 米见方的凹地，底部用石板与楼板隔开，略低于地板，以防火灰外溅。有的人家会在火塘靠墙的地方用土坯垒出一个二层台阶，用来放置锅勺等炊具。用扁铁焊成三脚或四脚的可动式的锅架，高出地面约 30 厘米，放在火塘中央，就成为炉灶了，古时的穷人只能用三块石头做锅架。火塘上方约 1 米处有个从房顶垂吊下来

【照片档案 195】

图片说明：夏尔巴火塘 2

拍摄时间：2011 年 8 月

拍摄地点：陈塘镇

的方形木烤架，平时一般用来烘干鸡爪谷、玉米等物。

有时在烤架上放一些引火用的松明和用于夜间照明的小竹竿，因陈塘相对潮湿，把它们置于火塘上方熏烤干燥可备急用。火塘两侧多摆有餐架或餐柜，放有锅、碗、勺、盆等炊具。屋内还有水缸（罐）和粮菜及其他日用品。

【照片档案 196】

图片说明：背薪柴的妇女

拍摄时间：2010 年 5 月

拍摄地点：陈塘镇

口述人：尼玛

【照片口述】

火塘中烧的全是木柴。在林中砍伐的树木，被截劈成大小长短类似的薪柴后，晾成半干，再背回家，就是火塘中燃烧的柴火了。如今随着生活水平的提高及陈塘电力的稳定供应，有一些家庭开始使用更方便的电炉、电饭煲、电炒锅、电高压锅之类的炊具，也有人开始使用液化气灶具。

【照片档案 197】

图片说明：橱柜 1

拍摄时间：2013 年 7 月

拍摄地点：陈塘镇

口述者：尼玛

【照片档案 198】

图片说明：橱柜 2

拍摄时间：2017 年 2 月

拍摄地点：陈塘镇

口述者：尼玛

【照片口述】

橱柜里摆放着锅、碗、勺、盆等炊具，调料及热水瓶。在很多夏尔巴人家中，还会摆着一排排擦得发亮的黄铜和铝制器皿，它们都来自尼泊尔。

在夏尔巴人所用的器皿中， 以铜铝铁制品为多，这可能与历史及地理因素有关。很多夏尔巴人会在家中橱柜里摆放一排排擦得发亮的尼泊尔制造的黄铜和铝制器皿，它们主要被当作陈设，是财富的象征。除了少数器皿，其他的很少被使用。近年来，夏尔巴人的房内多了一件器皿，那就是西藏和平解放60周年时，中央代表团赠送给每家每户的礼品——不锈钢高压锅，很多人都舍不得拿来使用。

【照片档案 199】

图片说明：藏柜

拍摄时间：2015 年 2 月

拍摄地点：陈塘镇

【照片口述】

虽然不通公路，但还是有一些夏尔巴人不计成本、想方设法地从外地（以日喀则为主）采购藏柜，并把它运到陈塘的家中。

这些藏柜的表面都绘有各种花鸟、山水、猛兽及吉祥图案等，象征着诸多美好的寓意。

【照片档案 200】

图片说明：放在高处的各种法物
拍摄时间：2017 年 6 月
拍摄地点：那塘村

【照片口述】

陈塘夏尔巴人在举行特定的宗教仪式时，会制作一些有特定意义的法物。在仪式结束后，这些法物不能被销毁、破坏或污染，必须放在室内的最高处，以象征得到它们的加持与护佑。

【照片档案 201】

图片说明：旧音响

拍摄时间：2017 年 6 月

拍摄地点：那塘村

【照片口述】

在 20 多年前，它也是夏尔巴人的心爱之物，如今也只是个摆设了。其全称是“多功能太阳能家用电音响”，放的是磁带介质的音乐。其操纵键都有藏文标识。

【照片档案 202】

图片说明：座位次序
拍摄时间：2015 年 2 月
拍摄地点：陈塘镇
口述者：尼玛

【照片口述】

夏尔巴人主室里一般会有一条长长的卡垫，在卡垫的最里头，摆着一张或几张小矮柜。家主的传统座位是离火塘最近的位置。在招待来客时，客人依照年龄、辈位、职务高低依次入座。妇女们从来不坐在板凳上，她们都围着火塘盘腿坐在地毯、卡垫上，或直接坐在木板之上。

【照片档案 203】

图片说明：以地为床

拍摄时间：2011 年 8 月

拍摄地点：陈塘镇

【照片口述】

虽然居住条件有了很大的改善，但至今还有很多陈塘人习惯席地而坐，以地板当床。为了改变这种不卫生的习惯，陈塘镇政府做了很多宣传。有的驻村工作队甚至给村民们免费发放桌椅、床铺、藏柜等用品，虽然达不到立竿见影的成效，但这种旧习惯正在慢慢改变。而且很多在外地读书、打工的青年人，已经习惯睡在床上了。回到陈塘后，他们也大多会添置一张床，供自己安寝，这些都在潜移默化地改变着陈塘夏尔巴人的生活习惯。

第四章
生产劳作

根据张国英先生[1]的《珠穆朗玛峰东南麓陈塘藏族及其宗教习俗》一文，1980年的陈塘区共有居民166户，1080人，均以种植业、牲畜饲养业为主要产业。共有耕地八百多克，出产鸡爪谷、荞麦、玉米、土豆、豆类、南瓜等，饲养牛、羊1600多头（只）。

2000年，当地粮油总产为309吨，人均粮油388斤，肉类总量5.9吨，年底牲畜存栏数为2017头（只）。

2002年，当地粮食播种面积800亩，粮油两季总产量共73.4万斤，粮油单产458.7斤，大小牲畜2094头（只、匹），人均2头（只、匹）。年底缺粮户达一半以上。

根据陈塘镇政府相关部门于2010年所做的年度国民经济情况的统计资料，陈塘镇6个村子的耕地面积仅有980亩，种植的粮食和蔬菜主要有青稞、小麦、玉米、土豆以及其他少量的谷物及蔬菜。统计资料显示，种植量最大的是鸡爪谷和土豆，其次是青稞、玉米和小麦。2010年，6村的鸡爪谷总产量为198325斤；土豆产量为376230斤；玉米36740斤；小麦26250斤，其中那塘村当年并没有种植小麦；青稞产量为55400斤；其他蔬菜产量为66425斤。

2010年，家畜主要有犏牛、黄牛、牦牛、山羊、藏香猪以及土鸡。其中犏牛数量最多，6村一共709头，主要用于运输，因此以公犏牛居多，709头中公牛占了646头；牦牛数量为其次，共有390头，其中公牛86头，母牛304头；黄牛总数为258头，其中公牛107头，母牛151头。

1 张国英，女，曾就职于中国社会科学院的民族学与人类学研究所，1980年12月，与陈乃文同志一起在陈塘进行了细致的调查。

农业生产

陈塘夏尔巴人主要种植鸡爪谷、土豆、冬小麦、玉米、荞麦、豆类、南瓜及其他蔬菜等。由于处于朋曲藏布上方，陈塘降水量充足，加之土地零散，其水利设施不发达，基本上处于“靠天吃饭”的状态。

【照片档案 204】

图片说明：农业生产工具

拍摄时间：2013 年 7 月

拍摄地点：那塘村

口述者：尼玛

【照片口述】

陈塘夏尔巴人主要以种植鸡爪谷、土豆、冬小麦、青稞等粮食作物为主。锄头是他们农耕的主要工具之一，有几种不同的规格，以适应不同环境的地块。

【照片档案 205】

图片说明：把铁锹当玩具的儿童
拍摄时间：2017 年 3 月
拍摄地点：陈塘镇

【照片口述】

铁锹是一种可以用于耕地、铲土的农具，被陈塘夏尔巴人广泛使用。

【照片档案 206】

图片说明：田地 1

拍摄时间：2016 年 9 月

拍摄地点：陈塘镇

【照片档案 207】

图片说明：田地 2

拍摄时间：2013 年 7 月

拍摄地点：比塘村

【照片口述】

陈塘的田地都为旱田，在那里能找到各式各样的田地，规整的很少，多是曲面的、多边形的；平坦的少，大多带有一定的坡度，有些地块近垂直。这些旱田都有一个特点，就是面积小，所以开展不了大规模的农业生产，只能进行极费人力的精耕细作。

陈塘夏尔巴人基本上会在同一块田地上一年内接连种植两季作物，为一年二熟制。

【照片档案 208】

图片说明：田地 3

拍摄时间：2013 年 7 月

拍摄地点：比塘村

【照片档案 209】

图片说明：作物 1

拍摄时间：2013 年 7 月

拍摄地点：萨里村

【照片口述】

在夏营地的田地里，人们见缝插针地种上了青稞、玉米、豆荚、南瓜等农作物。由于地处偏僻，农户还要防范野生动物对农作物的破坏。

【照片档案 210】

图片说明：作物 2
拍摄时间：2013 年 7 月
拍摄地点：沃雪村

【照片口述】

这是沃雪村夏营地田地中的作物。人们在田间地头种上了鸡爪谷、玉米、豆荚、南瓜等农作物。

【照片档案 211】

图片说明：小雀瓜

拍摄时间：2016 年 9 月

拍摄地点：陈塘镇

【照片口述】

小雀瓜在夏尔巴语中叫“郭觉玛”，其果实狭长，呈椭圆形，先端具喙。当汉族人问它叫什么时，夏尔巴人就戏谑地称它为“乌鸦嘴”。久而久之，“乌鸦嘴”就成为它的“标准”汉译了。在果实青绿时将其采下，去除内部的种子，就可以随意烹饪，口感清甜，又带一点韧性。有人还会把小雀瓜晒干，到冬季时，与牛羊肉一起炖烧，也别有一番风味。绝大多数的夏尔巴人想不到，这司空见惯的小雀瓜的原产地是南美洲和中美洲。在夏天的时候，有些竹篱笆上会爬满小雀瓜的枝蔓，那层层叠叠黄绿色的五爪叶子，张牙舞爪伸向天空的卷须，把竹篱笆完全淹没了，只见一道绿色的墙。

【照片档案 212】

图片说明：豆荚

拍摄时间：2016 年 10 月

拍摄地点：皮子参组

口述者：尼玛

【照片口述】

陈塘夏尔巴人也种植各种各样的豆荚。豆荚成熟，人们把果实晒干后，用它来做咖喱豆汤，十分美味。

【照片档案 213】

图片说明：荞麦

拍摄时间：2016 年 10 月

拍摄地点：皮子参组

口述者：尼玛

【照片口述】

若 9 月份到达皮子参组，能看到一块一块的荞麦田地里开着粉红色的荞麦花。到 10 月底，成熟了的荞麦田则是深红色。把收割的荞麦晒干，用水磨坊磨成粉后，烙成饼子，也是一种美味。

【照片档案 214】

图片说明：冬小麦
拍摄时间：2013 年 7 月
拍摄地点：沃雪村
口述者：尼玛

【照片口述】

冬小麦在每年的 12 月播种，翌年的 7 月成熟，其麦秆可作为牲畜的饲料。

【照片档案 215】

图片说明：松土 1

拍摄时间：2014 年 4 月

拍摄地点：陈塘镇

口述者：尼玛

【照片档案 216】

图片说明：松土 2

拍摄时间：2014 年 4 月

拍摄地点：陈塘镇

口述者：尼玛

【照片口述】

在种植各种作物之前，要先对田地进行翻耕，把结块的土地打松，并去除田地中的杂质、杂草。对于太陡的田地，只能用铁锄一锄一锄地松土。

【照片档案 217】

图片说明："二牛抬杠"的耕地方式

拍摄时间：2014 年 4 月

拍摄地点：陈塘镇

口述者：尼玛

【照片口述】

"二牛抬杠"是古老的耕作技术。耕作时，两牛相距七八尺，中间横抬一"杠"，"杠"后接续辕犁，人手扶持犁把，脚踏辕犁，控制犁铧入土深浅。这一耕作方式，至今仍可在西藏及西北少数民族地区的一些地方见到。

能用"二牛抬杠"来耕地的田地，必须是相对比较平坦的。

【照片档案 218】

图片说明：扛犁的男子
拍摄时间：2014 年 4 月
拍摄地点：陈塘镇

【照片口述】

犁可用畜力，比如“二牛抬杠”，也能用人力来拉动。犁是一种耕地的农具，是由一根横梁加上端部的厚重的刃构成，用来破碎土块并耕出槽沟从而为播种做好准备。

【照片档案 219】
图片说明：种植土豆的田地 1
拍摄时间：2014 年 4 月
拍摄地点：藏嘎村

【照片档案 220】
图片说明：种植土豆的田地 2
拍摄时间：2014 年 4 月
拍摄地点：陈塘镇
口述者：尼玛

【照片口述】

土豆是陈塘夏尔巴人重要的作物，既可当作主粮，又可做成菜肴，在陈塘夏尔巴人的食品结构中占有十分重要的地位。土豆的亩产约 600 斤，是鸡爪谷亩产的两倍，总产量也是鸡爪谷的两倍。

【照片口述】

在 1957 年之前，西藏的定日县还没有大量地种植土豆，在《尼泊尔舍尔巴的经济生活》一书中就这样描述当时我国西藏与尼泊尔的土豆干交易："主要由小商人运入西藏的另一宗出口物资是土豆干。昆布的舍尔巴人（夏尔巴人的另一种翻译）在土豆收割后不久，把它们煮熟，剥去了皮，切成小片，放在席上晒干。这些脱去水分的土豆就被运进西藏作换盐之用。一升土豆干可换得一升半到两升半的盐。"[1]《藏边人家：关于三代定日人的真实记述》一书中也有提到这一点："青稞、萝卜、豌豆及圆根是当

【照片档案 221】

图片说明：挖土豆

拍摄时间：2017 年 6 月

拍摄地点：陈塘镇

地的主要作物……有些马铃薯从昆布运至定日，它们不是人们所熟悉的块茎状，而是晒制成的干片。这些坚硬的土豆片也和萝卜干、干蘑菇等脱水食品一样被用来佐餐和作为汤的辅料。”[2]

老人们都说土豆是从阿龙河流域的夏尔巴地区传入的陈塘，应是符合事实的，它们传入陈塘的时间应比传入定日还早。

1 克里斯托夫·冯·菲尤勒—海门道夫：《尼泊尔舍尔巴的经济生活》，吴泽霖译，油印本，出版社不详，第 62 页。

2 巴伯若·尼姆里·阿吉兹：《藏边人家：关于三代定日人的真实记述》，翟胜德译，西藏人民出版社 2001 年版，第 19-20 页。

【照片档案 222】

图片说明：红皮土豆
拍摄时间：2013 年 7 月
拍摄地点：萨里村
口述者：塔杰

【照片口述】

这里的土豆分黄皮和红皮两种，黄皮土豆（当地叫白土豆）是一百多年前从尼泊尔的阿龙河地区传入的，红皮土豆传入则只有几十年的历史。在解放军进入定结县后，桑丹与措巴姆夫妇两人听信谣言跑到了印度大吉岭“避难”，后来他们了解真相后，从大吉岭返回时，把红皮土豆带入陈塘。

红皮土豆淀粉含量比普通的土豆高，蛋白质和维生素含量也都比一般的土豆高。

【照片档案 223】

图片说明：成熟的鸡爪谷

拍摄时间：2016 年 10 月

拍摄地点：陈塘镇

口述者：尕米

【照片口述】

鸡爪谷在夏尔巴语中为“彭纳”。古时候的陈塘夏尔巴人以狩猎为生，并不种植作物，直到鸡爪谷从尼泊尔的“陈塘玛姆”传到陈塘后，人们才开始种植。

鸡爪谷系禾本科农作物，秆高 1 米左右，叶鞘有脊，叶片较宽。由于其有穗状花序 3 ～ 10 枚，呈指状排列于茎顶，常作弓状弯曲，形似鸡爪，故由此得名。它是陈塘夏尔巴人的重要粮食作物。不仅陈塘种植鸡爪谷，喜马拉雅山脉东南麓大部分区域，如西藏山南的错那市、隆子县与林芝的朗县、米林市、墨脱县等地也有种植。

【照片档案 224】

图片说明：鸡爪谷
拍摄时间：2015 年 2 月
拍摄地点：藏嘎村

【照片口述】

陈塘鸡爪谷的籽粒为圆球形，红褐色，直径为 1 ～ 1.8 毫米。它的产量并不高，2015 年亩产约 300 斤，产量约 20 万斤，人均约 100 斤。相对于其他作物，鸡爪谷的“喜肥耐水”的特性比较适应陈塘的气候，所以在土豆没有传入的时候，它是当地最主要的粮食作物。

【照片档案 225】

图片说明：鸡爪谷生产之拔秧
拍摄时间：2017 年 6 月
拍摄地点：陈塘镇
口述者：尼玛

【照片口述】

鸡爪谷的耕种比较烦琐，一般采用分插法耕作。农民先在某块田中培育鸡爪谷的秧苗，等它长到十多厘米，就可以把秧苗拔出来，移栽到平整好的田地里了。有时田地里蚊蚋较多，人们会在秧田里点一块牛粪，以驱赶它们。

【照片档案 226】

图片说明：鸡爪谷生产之插秧
拍摄时间：2017 年 6 月
拍摄地点：陈塘镇
口述者：尼玛

【照片口述】

鸡爪谷采用分插法耕作。人们把育好的、拔出的鸡爪谷秧苗一棵棵地插入翻好土、混好肥的田地里，要保证插入的秧苗有一定的间隔。

【照片档案 227】

图片说明：鸡爪谷生产之松土除草
拍摄时间：2013 年 7 月
拍摄地点：比塘村
口述者：尼玛

【照片口述】

在鸡爪谷成长的时候，要经过两三次的松土除草。其中四爪筛专用于鸡爪谷除草，它用铁丝制成，有弯曲的四个“爪”。

【照片档案 228】

图片说明：鸡爪谷生产之采摘

拍摄时间：2014 年 10 月

拍摄地点：陈塘镇

口述者：尼玛

【照片口述】

鸡爪谷成熟时，要把谷穗一束一束地用镰刀割下，采集回家。

【照片档案 229】

图片说明：鸡爪谷生产之晾晒

拍摄时间：2015 年 12 月

拍摄地点：陈塘镇

口述者：尼玛

【照片口述】

采集回家的鸡爪谷要晾晒，或把它们装在竹盘内，再放到火塘上方的烤架上进行烘烤使其谷穗脱水。

【照片档案 230】

图片说明：鸡爪谷生产之脱粒 1
拍摄时间：2015 年 2 月
拍摄地点：陈塘镇

【照片档案 231】

图片说明：鸡爪谷生产之脱粒 2
拍摄时间：2017 年 3 月
拍摄地点：陈塘镇

【照片档案 232】

图片说明：鸡爪谷生产之脱粒 3
拍摄时间：2015 年 2 月
拍摄地点：陈塘镇

【照片档案 233】

图片说明：鸡爪谷生产之脱粒 4
拍摄时间：2015 年 3 月
拍摄地点：陈塘镇
口述者：尼玛

【照片口述】

差不多干透了的鸡爪谷谷穗要放在谷坪上用竹竿敲打，让籽粒充分地与谷皮分开。对于一些难以脱粒的谷穗，要把它们放入木臼中进行捶打，让它们充分分离。

【照片档案 234】

图片说明：鸡爪谷生产之筛选 1

拍摄时间：2015 年 2 月

拍摄地点：陈塘镇

口述者：尼玛

【照片档案 235】

图片说明：鸡爪谷生产之筛选 2

拍摄时间：2015 年 3 月

拍摄地点：陈塘镇

【照片口述】

脱粒后的鸡爪谷要经过筛选，将瘪谷等杂质筛掉，可以手工抖动分谷，也可以利用风力将饱满有重量的鸡爪谷筛选出来。

【照片档案 236】

图片说明：留种 1

拍摄时间：2015 年 2 月

拍摄地点：陈塘镇

【照片口述】

收获之后，人们会从收获的玉米、鸡爪谷、青稞、冬小麦等作物中挑选出一些穗粒饱满粗壮的，挂在干燥之处，作为来年播种的种子。

【照片档案 237】

图片说明：留种 2

拍摄时间：2017 年 2 月

拍摄地点：陈塘镇

口述者：尼玛

【照片档案 238】

图片说明：田间休息

拍摄时间：2014 年 4 月

拍摄地点：陈塘镇

口述者：尼玛

【照片口述】

田间耕耘是一个高强度的工作，夏尔巴人也讲究劳逸结合，劳作累了，就与附近的人一起在田间地头的平地上休息一下，吃点小食物，喝一口鸡爪谷酒，以补充体力。

畜牧生产

2010 年，陈塘的家畜主要有犏牛、黄牛、牦牛、山羊、土鸡、藏香猪。由于陈塘特殊的地理环境和交通条件，运输方式多为人背畜驮，因此，陈塘对力大温顺的犏牛的需求量很大。所以犏牛在大牲畜中数量最多，6 村共 709 头，其中又以公犏牛居多，有 646 头，它们主要用于运输。犏牛夏尔巴语中叫“卓”，是牦牛与黄牛杂交的后代，它保留了牦牛和黄牛的优点，比纯牦牛更易于驾驭。旧时贩卖犏牛的利润是比较惊人的，很多尼泊尔人因此而致富。随着科技的发展进步，犏牛的重要性已大大降低。

2010 年，陈塘牦牛数量仅次于犏牛，母牦牛居多，390 头牦牛中，公牦牛只有 86 头，母牦牛 304 头。母牦牛主要用于挤牛奶及生育小牛。陈塘黄牛的总数为 258 头，其中公牛 107 头，母牛 151 头。

【照片档案 239】

图片说明：雪中犏牛
拍摄时间：2015 年 3 月
拍摄地点：陈塘镇
口述者：昂给

【照片口述】

犏牛、黄牛及牦牛基本上都散养，牧户把它们做好独特的标记后赶到山林里任其生长。每隔半个月，到山里给它们喂粗盐，并确定它们的生存状态，家中有需要时才赶回来。

【照片档案 240】

图片说明：牛圈

拍摄时间：2014 年 4 月

拍摄地点：藏嘎村

口述者：尼玛

【照片口述】

养牛的人家都会搭建一个牛圈，并在里面放上饲料。

【照片档案 241】

图片说明：放养的犏牛与牦牛

拍摄时间：2005 年 6 月

拍摄地点：嘎玛沟

口述者：昂给

【照片口述】

这些牲畜的放牧点基本上在陈塘的三条河流的两岸：嘎玛藏布沿岸的草场，最高可以到达萨基塘；朋曲藏布两岸的草场，有陈塘至萨里的草场、修修玛村到那贡扎西拉山脚下的草场、皮子参组到切姆措湖边的草场，等等；过那塘村后的拿当曲两岸的草场，能到达途隆附近。

【照片档案 242 】

图片说明：木栏杆

拍摄时间：2016 年 9 月

拍摄地点：嘎玛沟

口述者：昂给

【照片口述】

草场都被密不透风的原始森林所包围。牲畜只能在草场及道路的两侧觅食，进入不了密林深处，所以除了人为的因素之外，丢失的可能性不大。在一些山路上，还设有木门或木栏杆，以防止牲畜走出放养的区域。人们在通过木门或木栏杆后，都会把门关好或把栏杆恢复成原状。

【照片档案 243】

图片说明："邦嘎巴"牧场

拍摄时间：2013 年 7 月

拍摄地点：陈塘镇

【照片口述】

陈塘镇贡巴拉神山上的"邦嘎巴"火葬场附近，也是一个传统的放牧点。

【照片档案 244】

图片说明：切姆措上的放牧点

拍摄时间：2016 年 10 月

拍摄地点：切姆措

口述者：昂给

【照片口述】

根据牲畜的习性，放牧的地点往往不同，海拔高度也不一样。牦牛放牧的位置最高，有时能达到 4000 米以上。在夏季产奶的季节，村民上山住在简易的棚屋里照看牦牛。因为陈塘的海拔较低，牦牛不太适应，所以一般不会把牦牛赶回家中。犏牛放牧的位置比牦牛低，黄牛的放牧位置最低。

【照片档案 245】

图片说明：在人群中乱蹿的山羊

拍摄时间：2015 年 2 月

拍摄地点：陈塘镇

【照片口述】

山羊放牧的海拔也与黄牛一样。2010 年，陈塘共有山羊 837 只，它们基本上在村落周边放养着，早上放出去，到了晚上就赶回家中的羊圈里。

【照片档案 246】

图片说明：围墙

拍摄时间：2017 年 3 月

拍摄地点：陈塘镇

【照片口述】

为了防止牛羊进入田地而造成破坏，夏尔巴人在田地周边修建了连绵不断长达数里的围墙。

【照片档案 247】

图片说明：羊圈

拍摄时间：2017 年 2 月

拍摄地点：陈塘镇

【照片口述】

陈塘夏尔巴人饲养的羊的规模普遍不大，从几只到几十只不等。羊圈设在离家不远的地方，也比较简陋。

【照片档案 248】

图片说明：猪圈

拍摄时间：2010 年 5 月

拍摄地点：藏嘎村

口述者：尼玛

【照片口述】

以前夏尔巴人养猪的并不多。他们的猪苗很多是从尼泊尔阿龙河流域背过来的。由于有的生猪养在卫生间下面，每次解手后，猪就拱着嘴在地下或其他猪的身上寻找食物。对于这样养大的猪，有的陈塘人宁愿购买冻猪肉，也不愿食用。猪苗一只价格在三百至四百元之间，养大后，一只可以卖到一千五百元左右。

【照片档案 249】

图片说明：集体养猪场
拍摄时间：2013 年 7 月
拍摄地点：比塘村
口述者：多吉平措

【照片口述】

近年来，政府斥资给镇里的六个村子都修了养猪场。村里的村民以户为单位，轮流给猪喂食，不过猪的长势并不良好。这些猪出栏后，经商议，可以屠宰后按户分肉；也可以出售，把售猪款纳入村公款，以便日后使用。

【照片档案 250】

图片说明：陈塘鸡

拍摄时间：2014 年 1 月

拍摄地点：陈塘

口述者：尼玛

【照片口述】

陈塘的土鸡很出名，在定结县，它拥有特定的名称：陈塘鸡。陈塘夏尔巴走地鸡是自然放养的鸡，在草地或者树林等空地上生长，食用的一般是谷、饭、各种菜叶，或者是农家吃剩的饭菜，还有大自然的一些小虫子。由于鸡常走动，陈塘的空气质量也比较好，因此肌肉结实，口感较好。

【照片档案 251】

图片说明：仪式上的祭祀

拍摄时间：2017 年 2 月

拍摄地点：陈塘镇

【照片口述】

陈塘鸡不仅数量多，人均约一只，同时也是紧俏的家畜，市价基本上稳定在一只二百至二百五十元。陈塘小的山羊一只才三四百元，最大的才七百元，从每斤单价来看，山羊比土鸡价格低不少。所以在陈塘有人居住的角角落落，都能看到大大小小的公鸡、母鸡在田地中刨食啄虫。

陈塘举行的一些仪式、法会上，会用数量不等的公鸡、母鸡来祭祀，尤其在藏历新年期间，用于仪式祭祀的鸡的消耗量成倍增加，这也造成陈塘鸡的价格居高不下。

【照片档案 252】

图片说明：搂树叶
拍摄时间：2015 年 2 月
拍摄地点：陈塘镇
口述者：尼玛

【照片口述】

秋天，人们把从森林中采集到的落叶堆在牛、羊、猪圈的底层，能起到防潮的作用。而经过一段时间，落叶完全渗透了粪便后，就是上好的肥料。到了 3 月春耕的时候，人们就用巨大的竹篓把它们运到田地上。也可以直接将树叶堆放到露天环境，任其自然发酵、腐败，最终也能变成肥料。

【照片档案 253】

图片说明：谷仓 1

拍摄时间：2010 年 5 月

拍摄地点：陈塘镇

【照片档案 254】

图片说明：谷仓 2

拍摄时间：2017 年 2 月

拍摄地点：陈塘镇

口述者：尼玛

【照片口述】

这些建在高处、树上的谷仓是装鸡爪谷、青稞、小麦的秸秆的。在冬季的时候，秸秆是牲畜们的好饲料。

传统狩猎

相传在没有种植作物之前，陈塘夏尔巴人以狩猎为生。前文的“有打猎的三兄弟，到处去打猎，后来大哥发现了陈塘，并定居于此”的传说也间接地说明了狩猎活动在陈塘夏尔巴人生产生活中的重要性。

陈塘夏尔巴人自古以来就有狩猎的传统，“野生无主，谁猎谁有”的传统观念强烈；而且在长期生产力相对落后的情况下，狩猎也是他们获取食物极其重要的方式。我国为保护、拯救珍贵、濒危野生动物，保护、发展和合理利用野生动物资源，维护生态平衡，制定了《中华人民共和国野生动物保护法》。此法经 1988 年 11 月 8 日第七届全国人大常委会第四次会议通过，自 1989 年 3 月 1 日起施行。西藏自治区随之制定实施办法。根据自治区的实际情况，1992 年 2 月 20 日西藏自治区第五届人民代表大会常务委员会第十八次会议通过《西藏自治区实施〈中华人民共和国野生动物保护法〉办法》后，在全区逐步推行禁猎。

1997 年 7 月 17 日，西藏自治区第六届人民代表大会常务委员会第二十五次会议及 2002 年 1 月 20 日西藏自治区第七届人民代表大会常务委员会第二十四次会议上，分别对《西藏自治区实施〈中华人民共和国野生动物保护法〉办法》进行了第一次与第二次修正，西藏自治区进入了全民禁猎阶段。至此，夏尔巴人猎捕野生动物成为历史。

禁猎前，陈塘夏尔巴人的狩猎方式有下套子、弓箭长矛和火枪射杀、设置陷阱等。与藏族一样，其中弓和箭由于是临时所能制造的古老、方便的武器，在夏尔巴人心目中占有重要的地位。

【照片档案 255】

图片说明：夏本垛
拍摄时间：2014 年 2 月
拍摄地点：陈塘镇
口述者：多吉平措

【照片口述】

陈塘民间宗教中有一个重要的神灵，叫“夏本”，字面意思是“肉官”。陈塘夏尔巴人说夏本是狩猎最厉害的神，向他祈祷，出去狩猎会有好的收成；打到大猎物，要在第一时间给他献祭，所以夏本还有猎神之意。

夏本也有专门的“垛”，在仪式上赐予男性主人或放在室内天花板上或挂在房外。

“垛”是陈塘夏尔巴人在法事上常见的重要法器。“在西藏众多带有魔法的宗教仪式中使用的一种特殊的法器，这就是所谓的垛，或称十字网格灵器。垛基本的形式是用两根木棍绑扎成十字，木棍的每个端头都有色线扎住。灵器完成后的样子就像一个蜘蛛网。一些复杂的垛其结构高约十一英尺，由很多木棍和线绑扎成几何体组成，需耗时几周才能完成”[1]。

1 勒内·德·内贝斯基·沃杰科维茨：《西藏的神灵和鬼怪》，谢继胜译，西藏人民出版社 1993 年版，第 443 页。

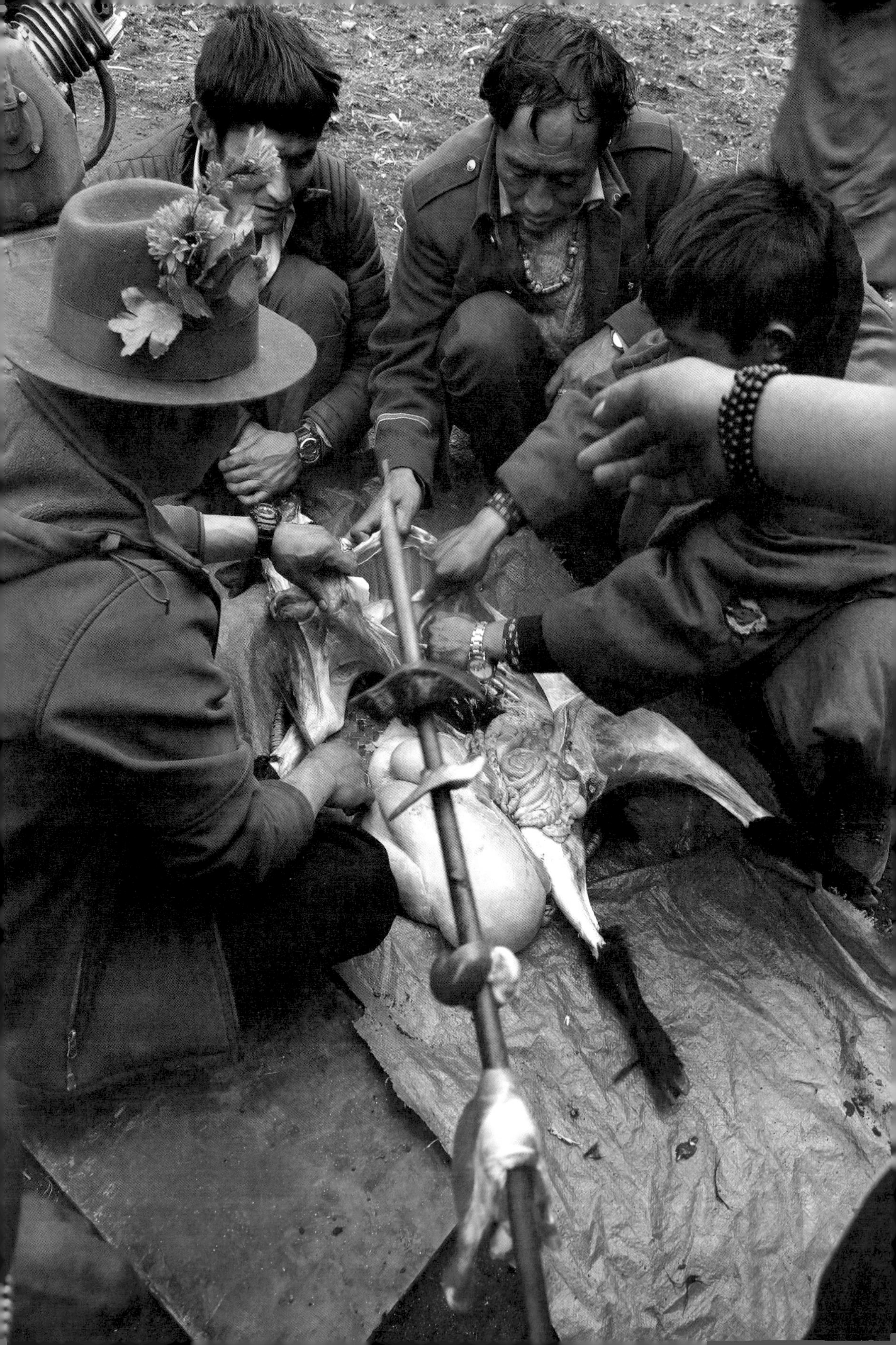

【照片档案 256】

图片说明：制作“夏干玛”
拍摄时间：2017 年 3 月
拍摄地点：陈塘镇
口述者：昂给

【照片口述】

打到大猎物，在第一时间要按顺序把猎物的部分膈肌、脾、肾、肝、肺、心依次穿在一根竹子上做成“夏干玛”给夏本献祭。若在仪式中献祭羊，那么羊的部分膈肌、脾、肾、肝、肺、心也要串成“夏干玛”祭品，献给夏本神。

【照片档案 257】

图片说明：磨刀

拍摄时间：2017 年 3 月

拍摄地点：陈塘镇

口述者：尼玛

【照片口述】

陈塘植被茂盛，山高路险，动物凶猛，所以砍刀是防身、清除路障的武器，在家便是切肉切菜的工具。常用的砍刀柄多为木制，上面缠着布条，有讲究的甚至套上獐子[1]的睾丸皮——它皮质柔软，细毛也能增加摩擦力。每把刀都有个刀鞘，刀鞘分皮制和木制等。

1 发生于禁猎之前。

【照片档案 258】

图片说明：夏尔巴弓箭
拍摄时间：2011 年 8 月
拍摄地点：那塘村

【照片口述】

弓与箭都十分简易，大致符合吐蕃时期对弓箭的描述：“南方竹子是上品，但若不用铁器作包头，竹子是不能射透者，若不用鹰羽来装配，竹子不能射中野牛身。”[1]

1 林冠群：《唐代吐蕃政权属性与政治文化研究》，参见《中国藏学》杂志，2013 年第 S2 期，第 12 页。

【照片档案 259】

图片说明：制作箭尾所使用的羽毛
拍摄时间：2017 年 6 月
拍摄地点：那塘村
口述者：拉加

【照片口述】

所用的竹箭，仅把细竹棍前端削成尖，置入箭镞，尾部插置树叶或羽毛。有时人们或在箭锋上蘸以毒药，以提高杀伤力。弓用简易的长竹片制成，平时把弓弦解开，用时再系上。

【照片档案 260】

图片说明：箭头
拍摄时间：2013 年 7 月
拍摄地点：那塘村
口述者：拉加

【照片口述】

箭头一般为三角的钢片，有的还带有倒刺。以前，箭头主要来自尼泊尔。

【照片档案 261】

图片说明：箭筒
拍摄时间：2013 年 7 月
拍摄地点：那塘村
口述者：昂给

【照片口述】

箭杆长一米左右，箭尾还有羽毛装饰。三四支箭装在一个箭筒里。在陈塘，箭往往装在箭筒中，尤其是毒箭，不但要把箭筒盖好，还要放在孩子够不着的安全地方，有时也会挂在佛龛旁。

箭筒上还拴着一枚用一节细竹子做成的竹哨，那是猎人们在森林中交流的工具。两声长的竹哨声意为："有人吗，你在哪里？"三声连续的短哨声意为："这边有猎物，快到这边来。"在高原下套子套取猎物时，就不能吹竹哨，这样会惊动猎物。

【照片档案 262】

图片说明：雪山一枝蒿
拍摄时间：2016 年 10 月
拍摄地点：那贡扎西拉
口述者：拉巴

【照片口述】

致命的毒箭是狩猎的有效武器之一，它的毒素来自雪线以下的“雪山一枝蒿”，俗称“乌头”，夏尔巴语叫“图”。它的毒素是如此之强，以至于我想拍摄它时，都被同行的人阻拦。有功效的并不是乌头的主根，而是主根旁边的附根茎。把乌头的附根茎与水研磨成汁后，把箭头磨锋利后沾毒汁，就是夏尔巴人称为“图玛”的毒箭头。乌头是种神经性毒素，当毒汁随着箭头进入猎物体内后，毒性随着血液进入猎物的神经系统，能让猎物快速死亡。在食用此猎物前，要把毒箭头旁的肉挖出，避免中毒。

【照片档案 263】

图片说明：斑鸠套子
拍摄时间：2013 年 7 月
拍摄地点：比塘村
口述者：尼玛

【照片口述】

在获取一般猎物时，除了用弓箭与火枪射杀外，用套子套猎也是重要的方法。套子打猎，即在野生动物经过的地方，设下圈套，当野生动物触及圈套时，机关弹起，以此猎得动物。在很多田地上，都能看到套斑鸠的鸟套，因为斑鸠的数量太多，往往多有收获。禁猎以前，一个好的套子猎人，他能套得自己想要的猎物。如在一群獐子中，他能只套公獐而母獐却丝毫无伤。

图为套猎斑鸠的套子。

【照片档案 264】

图片说明：猎狗

拍摄时间：2014 年 1 月

拍摄地点：陈塘镇

【照片口述】

丛林狩猎不可缺少的是陈塘的猎狗。它们个头矮小，身体细长，多为灰白或黑色，适合在丛林密布之地围拢追赶，而非藏獒那样置猎物于死地。由于近年来国家禁猎，猎狗在陈塘也越发少见了。

【照片档案 265】

图片说明：捕鼠夹

拍摄时间：2013 年 7 月

拍摄地点：陈塘镇

口述者：尼玛

【照片口述】

对于鼠害，陈塘夏尔巴人认为最有效的方法是放置捕鼠夹。

【照片档案 266】

图片说明：弹弓

拍摄时间：2011 年 8 月

拍摄地点：陈塘镇

【照片口述】

在陈塘，这种产自尼泊尔的弹弓不仅是小朋友的玩具，还是猎人的武器。有些猎人已练就了百发百中的手艺，在他们进入森林时，也会带着它，以期打到一些小型的鸟类。

【照片档案 267】

图片说明：熊头
拍摄时间：2014 年 4 月
拍摄地点：陈塘镇
口述者：尼玛

【照片口述】

每次冬天下大雪的时候，正是狩猎的最好时机。因为山顶被大雪覆盖，山上动物找不到食物，就不顾危险地来到山下觅食。七八月份正是捕猎狗熊的好时机，冬季因寒冷而下到阿龙河流域的狗熊，就会上到陈塘来寻找食物。想要猎获狗熊这种大型猛兽，必须先修筑一个窄小的“∧”形石屋，上面压着重石；然后在石屋内放置大块的生肉，狐狸肉有特别的骚臭味，是最佳诱饵。狗熊受到生肉诱惑而进入窄石室，当它试图把肉拉出石室时，就会触动机关，重石掉下，把狗熊压死。

打到大猎物后，要当场按次序取猎物的膈肌、脾、肾、肝、肺、心穿在一根竹子上做成“夏干玛”的祭品，以祭祀猎神夏本及其他神灵，感谢因他们的眷顾而给予的好运气。之后还要把“夏干玛”上面的各种内脏用火烧熟，与在现场的所有猎人分食。

合伙狩猎回来的猎物一般是在猎手之间进行平均分配。猎物的头是在狩猎过程中功劳最大的猎手独享的。它必须被拿回陈塘，否则会对猎手有不好的影响。古时猎手都会把大野兽的头骨挂在房子内，以彰显猎手的勇敢与能力，头骨的数量关系到猎手的荣耀与地位。[1]

---

1 发生于禁猎之前。

第五章
风物特产

陈塘境内气候宜人，四季常青，景色迷人，是一个野生动植物的天然王国。陈塘有国家一级保护动物羚羊、鼠羚、喜马拉雅塔尔羊、盘羊、长尾猴、班羚、雪豹等；二级保护动物熊猴、小熊猫、金猫、林麝、喜马拉雅麝等；三级保护动物黑熊、豹猫、赤鹿、岩羊等；还有水獭、旱獭、雪鸡、河鱼类等。植物药材资源有国家保护植物长蕊、木兰、水青树、锡金海棠、西杏延龄草；药材有麝香、冬虫夏草、天麻、贝母、三七、百合、黄连、鸡肾草、雪莲花、石斛等。此外，陈塘还有白玉、大理石等矿产资源。

其境内还有两处温泉、喜马拉雅野生蜂蜜等风物特产。

温　泉

陈塘有两处温泉，当地人把它们称为“茶曲玛”与“曲真玛”，都位于修修玛村的周边。

【照片档案 268】

图片说明：茶曲玛温泉全景

拍摄时间：2011 年 8 月

拍摄地点：茶曲玛

【照片口述】

茶曲玛温泉纬度为北纬 27° 92′，经度为东经 87° 36′，海拔为 3017 米，有个千万年的泉华形成的小台地。

【照片档案 269】

图片说明：泡完温泉离开的人
拍摄时间：2017 年 3 月
拍摄地点：修修玛村
口述者：尼玛

【照片口述】

如果从修修玛村往那贡扎西拉山口方向走，爬上一个小山，到达山顶上一座与村头一样的“防御”的佛塔后，沿着一条叫“隆家曲”的清澈小溪向上走，有一个夏尔巴语称作“茶曲玛”的温泉，如今它更多是以“九眼温泉”的名字对外宣传。

【照片档案 270】

图片说明：拉则

拍摄时间：2017 年 3 月

拍摄地点：修修玛村隆家曲

口述者：尼玛

【照片口述】

九眼温泉有温泉神，叫“茶曲美隆加姆”。半路上有一个拉则，上面系满了哈达，这都是前来洗浴的人献给温泉神的。

【照片档案 271】

图片说明：天然形成的脚印
拍摄时间：2017 年 3 月
拍摄地点：隆家曲附近
口述者：多吉平措

【照片口述】

过了拉则后，再往前，在小路的左侧还能看到两片特殊的石片。它的图案分别是左脚印及右脚印。据说是修路时从地下挖出来的，当地人认为它是天然形成的佛菩萨的脚印，所以供在路边。

【照片档案 272】

图片说明：泉穴
拍摄时间：2016 年 10 月
拍摄地点：茶曲玛
口述者：尼玛

【照片口述】

当地人因地制宜地在台地上挖了十多个竖直的“泉穴”，人能勉强蜷缩于内，蹲下后的水面也恰在肩膀上面。泉水流到泉穴里，似乎就是天造地设的完美浴缸。据说定结县某位文人才子在此泡过后，从泉穴联想到“眼”，于是欣然命名为“九眼温泉”，然后此名就流传开来。

【照片档案 273】

图片说明：向温泉神祈祷

拍摄时间：2017 年 3 月

拍摄地点：茶曲玛

口述者：尼玛

【照片口述】

温泉的四周用竹篱及木栏杆围着，防止野兽或牲畜的破坏。

【照片档案274】

图片说明：佛龛

拍摄时间：2017年3月

拍摄地点：茶曲玛

口述者：尼玛

【照片口述】

温泉的出水口上有两个并排的木制佛龛，供有经书、朵玛等。到此洗浴的人们会在佛龛前点盏酥油灯（灯油更多是清油，或是点蜡烛来替代），以供养温泉神“茶曲美隆加姆”。佛龛两侧挂满了哈达，里面放满了零钱及青稞，那也是人们供奉的。它后面立着一排密密麻麻的竹竿，上面挂满了哈达，也是献给温泉神的。

【照片档案 275】

图片说明：温泉的“控制开关”

拍摄时间：2017 年 3 月

拍摄地点：茶曲玛

【照片口述】

温泉的出水口被哈达挡住，让人看不清楚。泉水冒出后，流入泉华台地。台地表面充满了众多的沟壑，每个水沟都流向一个泉穴，对水沟进行“截流”或“放流”，能影响到它对应的泉穴的流量。只是这些截流物都是用塑料袋或破布来做的。

【照片档案 276】

图片说明：温泉水

拍摄时间：2017 年 3 月

拍摄地点：茶曲玛

口述者：尼玛

【照片口述】

温泉水除了洗浴，还能直接饮用，据说对治疗胃病有奇效。

【照片档案 277】

图片说明：茶曲玛温泉
拍摄时间：2017 年 3 月
拍摄地点：茶曲玛

【照片口述】

相传曾经还有一个更好的九眼温泉位于现在的九眼温泉的上方。传说那九眼温泉是神灵赐予的，能包治百病；而且每一个泉眼都写有文字，像说明书一样介绍这眼泉的功效及能治愈的疾病。当地人相信在生病时，

【照片档案 278】

图片说明：茶曲玛温泉
拍摄时间：2016 年 10 月
拍摄地点：茶曲玛
口述者：多吉平措

只要来到对应的泉眼洗浴，疾病就能痊愈。不过这样一来，当地的藏医就“失业”了。失去收入的藏医，把泉眼的“说明书”给擦除了。于是温泉就慢慢地“落”到现在的位置，治病的功效没有以前强大了，人们再也不知道哪个泉眼治什么病了。

【照片档案 279】

图片说明：返程的泉客
拍摄时间：2017 年 3 月
拍摄地点：隆家曲附近
口述者：尼玛

【照片口述】

在九眼温泉享受一番的夏尔巴人，在回去之后，还有一番讲究要遵守。一是在路上不能喝凉水及山涧水；二是回到家后，要杀只陈塘土鸡来进补身体，并且在两天内不能吃外面的食物。

【照片档案 280】

图片说明：曲真玛
拍摄时间：2016 年 10 月
拍摄地点：曲真玛
口述者：尼玛

【照片口述】

从皮子参组沿着朋曲藏布再往上走，就是陈塘的另一个温泉“曲真玛”。曲真玛有一大一小两个温泉，它们都位于朋曲藏布边上。大的温泉修有高约一米的防水坝与朋曲藏布相隔，坝上绑有上端系着哈达或经幡的竹竿。但若朋曲藏布发洪水暴涨的话，这温泉也会被淹没于滔滔洪流之下。说也奇怪，此温泉地势低，但它的出水量比山上九眼温泉小多了，而且温度奇高。既然不能泡，当地人便想出了一个高招——“蒸”。

【照片档案 281】

图片说明：温泉边上的经幡

拍摄时间：2015 年 3 月

拍摄地点：曲真玛

口述者：尼玛

【照片口述】

曲真玛的泉眼在几块长着青苔的大石头下面，后面有个拉则，插着密密麻麻的竹竿。与其他地方的一样，竹竿上方也系着哈达或经幡。拉则的前方还拉有几条经幡，这些都是泉客们为感谢温泉的“神灵”而供奉的。

【照片档案 282】

图片说明：用来蒸的温泉

拍摄时间：2015 年 3 月

拍摄地点：曲真玛

口述者：尼玛

【照片口述】

泉眼的下方修有两个宽约一米，长约二米的池子。池子的中部放着竹子编的粗网格竹席，泉客们或坐或躺在竹席上面，“蒸”着温泉的热气。据说这样对关节炎、偏头痛、跌打损伤等伤病有奇效。蒸的时候，把“病灶”直接对着热气，效果是最好的。有的泉客甚至把头伸到大石头里面，只为能更直接地让温泉的热气“蒸”到。

【照片档案 283】

图片说明：泉药
拍摄时间：2015 年 3 月
拍摄地点：曲真玛
口述者：尼玛

【照片口述】

泉眼旁边的石头缝里，有些花白色的泉华，那是治疗擦伤的良药。把它们刮一点下来，然后用棉签涂抹在伤口上，泉华干透后，接着再涂，据说疗效很好。

【照片档案 284】

图片说明：用来喝的温泉
拍摄时间：2015 年 3 月
拍摄地点：曲真玛
口述者：尼玛

【照片口述】

小的温泉在离曲真玛十多米的朋曲藏布边上，它与朋曲藏布没有任何距离，是江边乱石里面的一洼小泉。它特别小，只有不到半米见方；也特别浅，深不过二三十厘米；温度也不高，约 40 度；若不是旁边的树上挂满了哈达，人们很难找到它。温泉的泉眼在正中间，气泡不停地向上冒，里面长满了墨绿色的水苔，泉华的颜色是暗红色的。

来这里的泉客并不是来浸泡的，而是来“呕吐”的。原来此泉是治疗胃病的良药，治疗的方式类似于“洗胃”，即泉客们尽可能地多喝温泉水，然后把喝进去的水再吐出来。温泉水质苦涩，这让“呕吐”方便一点儿。洗胃的时间以早上空腹时为最佳，而且必须多呕吐几次。

【照片档案 285】

图片说明：石室

拍摄时间：2015 年 3 月

拍摄地点：曲真玛

口述者：尼玛

【照片口述】

在大小温泉的中间有一个利用巨石缝搭建而成的石室，石室地面上铺着木板，以方便泉客休息。石室的门前钉了一块木板，上面用汉文写着："尊敬的客人，欢迎您来到这里。请您不要随便扔垃圾到这个地方。亲，您一定要打扫卫生，为保护这个地方，谢谢！"

【照片档案 286】

图片说明：石室内的佛龛
拍摄时间：2015 年 3 月
拍摄地点：曲真玛
口述者：尼玛

【照片口述】

石室的最里面有块大石，堆满了哈达，上面有两个佛龛。下面的佛龛里面贴着“轮回图”的经咒；它外围是阎罗王，四个手抓着一个圆圈，圆圈有一轮经咒，里面是星形的图案。佛龛外面点有酥油灯，并供奉有一些鸡爪谷与青稞粒。上面的佛龛贴着一张印刷的白度母。另一盏酥油灯点在哈达中间，为了避免哈达被点着，在灯的两侧，哈达被分开。

【照片档案 287】

图片说明：泡温泉的食物
拍摄时间：2015 年 3 月
拍摄地点：曲真玛

【照片口述】

来曲真玛温泉治疗疾病的泉客都会在此石室住上一段时间，至少是一个星期。他们在入住石室的第一天，都会杀鸡炖汤，为接下来的几天补充体力，滋养身体。鸡汤是用曲真玛的水炖的，比平日的鸡汤更美味。在这个温泉里，似乎有个习俗——大家一起享用带过来的食物，不分你我。所以笔者有幸在这里享用了一大碗素不相识的夏尔巴人送的鸡汤。

在曲真玛治疗疾病的过程中，最好食用鸡爪谷。

喜马拉雅采蜜人

陈塘的野蜂蜜产在喜马拉雅山深处的绝壁上，是大自然的最好馈赠。

蜂蜜的采集是在夏秋季节，在尼泊尔中部的一些地区，这种古老的采蜜方式已经成为一种体验式的旅游表演。朋曲藏布两岸的悬崖、嘎玛藏布两岸的悬崖及前文所提“帽子山”林琼孔卡等地都有野生的蜂巢。

由于是在悬崖上采集，十分危险，稍不注意就会发生意外。2015 年，有尼泊尔基玛塘卡村的村民想在阿龙河悬崖上采蜂蜜，临行前喝了一点酒壮胆，最终摔到悬崖下。

【照片档案 288】

图片说明：喜马拉雅排蜂

拍摄时间：2017 年 6 月

拍摄地点：那塘村

口述者：拉加

【照片口述】

喜马拉雅排蜂，又名黑大蜜蜂、岩蜂、雪山蜜蜂，在中国分布于喜马拉雅南麓，西藏南部，云南横断山脉的怒江、澜沧江、金沙江、红河流域；在国外分布于尼泊尔、不丹、印度北部、缅甸北部及越南北部。

这种蜂毒性大，蜇人可致人死亡。

【照片档案 289】

图片说明：喜马拉雅采蜜人之上山

拍摄时间：2017 年 6 月

拍摄地点：那塘村

口述者：拉加

【照片口述】

喜马拉雅排蜂生长在悬崖之上。人们发现其蜂巢后，就规划出采蜂蜜的路线，与其他有经验的采蜜人组成团队，明确分工。一般的采蜜团队由四个人组成，采到的蜂蜜有时平均分配，有时按危险程度及劳动强度进行分配。

该图为采蜜队背着采蜜工具上山。

【照片档案 290】

图片说明：喜马拉雅采蜜人之爬悬崖
拍摄时间：2017 年 6 月
拍摄地点：那塘村
口述者：拉加

【照片口述】

到了蜂巢所在的悬崖边上，采蜜团队分成两组，每组两人。一组爬到悬崖的上面，然后把滑梯放落，再下到蜂巢边上，用竹竿把蜂巢捅下来。另一组在悬崖下接蜂巢。

该图为背着滑梯爬悬崖的采蜜人。

【照片档案 291】

图片说明：喜马拉雅采蜜人之点烟 1
拍摄时间：2017 年 6 月
拍摄地点：那塘村
口述者：拉加

【照片口述】

当爬到悬崖上的一组人准备就绪后，在悬崖下的一组人开始在蜂巢下面烧火，用浓烟和火驱使排蜂飞离蜂巢。

【照片档案 292】

图片说明：喜马拉雅采蜜人之点烟 2

拍摄时间：2017 年 6 月

拍摄地点：那塘村

口述者：拉加

【照片档案 293】

图片说明：喜马拉雅采蜜人之接蜜 1

拍摄时间：2017 年 6 月

拍摄地点：那塘村

【照片档案 294】

图片说明：喜马拉雅采蜜人之接蜜 2

拍摄时间：2017 年 6 月

拍摄地点：那塘村

口述者：拉加

【照片口述】

采蜜人借助凌空的滑梯接近蜂巢，在蜂巢下面放一个竹篓，再用竹竿等简单工具捅蜂巢。捅下的蜂巢落入竹篓，再把竹篓吊下，悬崖下的人负责接应。

【照片档案 295】

图片说明：喜马拉雅采蜜人之取蜂巢 1

拍摄时间：2017 年 6 月

拍摄地点：那塘村

口述者：拉加

【照片口述】

采蜜人一般不会把蜂巢全部取走，只取一半或三分之一，这样蜂群不会受到灭顶之灾。

【照片档案 296】

图片说明：喜马拉雅采蜜人之取蜂巢 2

拍摄时间：2017 年 6 月

拍摄地点：那塘村

【照片档案 297】

图片说明：喜马拉雅采蜜人之挤蜜

拍摄时间：2017 年 6 月

拍摄地点：那塘村

口述者：拉加

【照片口述】

我们挤压采下的蜂巢，把里面的蜂蜜挤出，拿回家过滤出杂质，就是香甜可口的喜马拉雅野蜂蜜。

因喜马拉雅排蜂有毒性，所以夏尔巴人把 8 月份之前采集的蜂蜜列为可直接享用的。而 8 月份之后，因毒花盛开，蜂蜜也拥有微毒性，但这时的蜂蜜是美容佳品。脸上抹一层蜂蜜，过十五分钟后洗净，美白的效果颇佳。周边定日县、定结县、岗巴县的妇女都很喜欢这种美容护肤品。若是适应这种毒性的人，这时的蜂蜜确有大补之功效。

【照片档案 298】

图片说明：喜马拉雅采蜜人之下悬崖

拍摄时间：2017 年 6 月

拍摄地点：那塘村

口述者：拉加

【照片口述】

在悬崖上的采蜜人采到所需要的蜂蜜后，从垂下的滑梯爬下；在悬崖上方的留守的采蜜人把滑梯放下，收拾好工具，一次完美的采蜜行动就此结束。

【照片档案 299】

图片说明：喜马拉雅采蜜人之制作蜂蜡
拍摄时间：2013 年 7 月
拍摄地点：那塘村
口述者：拉加

【照片口述】

野蜂蜜拿回家中后，经过处理，能得到蜂蜡与蜂蜜两种收获。把蜂蜡溶化后倒到碗中，冷却后倒出来，放在面粉上，就是碗形的蜂蜡砖了。其口感如麦芽糖，甜且香味浓郁。

【照片档案 300】

图片说明：人工养蜂的蜂箱

拍摄时间：2017 年 6 月

拍摄地点：那塘村

口述者：拉加

【照片口述】

陈塘周边原始森林密布，野花烂漫，比较适合蜜蜂的生存。近年来，在政府的推动下，已经有人开始尝试人工养蜂，也获得了成功。

其他风物

【照片档案 301】

图片说明：杜鹃花 1

拍摄时间：2017 年 2 月

拍摄地点：陈塘镇

【照片档案 302】

图片说明：杜鹃花 2
拍摄时间：2010 年 5 月
拍摄地点：那塘村

【照片口述】

每一年的 3 到 6 月份，正是陈塘杜鹃盛开之时，白色、粉色以及桃红色的硕大花朵攒成簇，美不胜收。陈塘镇的杜鹃以乔木为主，有的高达数米，品种有西藏毛脉杜鹃、雪山杜鹃等。

【照片档案 303】

图片说明：绿绒蒿
拍摄时间：2005 年 6 月
拍摄地点：嘎玛沟

【照片口述】

绿绒蒿是野生高山花卉，生长于海拔 4000 米以上的流石滩和冰川的前沿，人称“高山牡丹”，被人推崇为“世界名花”。因全株被有绒毛或刚毛而得名。在高海拔地区，冰霜凛冽，紫外线辐射强烈，风大土薄，昼夜温差悬殊，气候变化甚大，草本植物和小灌木亦常成垫状，匍匐于地。然而，绿绒蒿竟能在这样艰苦的环境中迎风笑日，顽强生长，在那百草不生、海拔高达 5000 米的流石滩中开放。

【照片档案 304】

图片说明：竹编
拍摄时间：2016 年 10 月
拍摄地点：萨里村

【照片口述】

陈塘周边长着茂密的竹子。用竹篾编成的各种器具，是古时陈塘夏尔巴人重要的生产工具及器皿，使用广泛。时至今日，竹编的竹篓还是他们重要的生产生活用品及商品。

【照片档案 305】

图片说明：青冈菌
拍摄时间：2016 年 9 月
拍摄地点：嘎玛沟
口述者：尼玛

【照片口述】

森林茂盛的陈塘，各种野山菌也是美味之一，但混杂在其中的毒山菌也令人防不胜防。近年就发生过人们因误食野毒菌炖鸡中毒而亡的事情。

【照片档案 306】

图片说明：冬虫夏草
拍摄时间：2017 年 3 月
拍摄地点：陈塘镇
口述者：尼玛

【照片口述】

在陈塘嘎玛沟的勃比拉与那贡扎西拉能挖到虫草，其中以勃比拉的虫草质量为好。

虫草又名冬虫夏草，是我国民间惯用的一种名贵滋补药材，为虫体与菌座相连而成，全长 9 ~ 12 厘米。虫体如三眠老蚕，长 3 ~ 6 厘米，粗 0.4 ~ 0.7 厘米。虫草外表呈深黄色，粗糙，背部有多数横皱纹，腹面有足 8 对，位于虫体中部的 4 对非常明显。

【照片档案 307】

图片说明：雪鸡

拍摄时间：2016 年 10 月

拍摄地点：嘎玛沟

口述者：拉巴

【照片口述】

在珠峰自然保护区禁猎之前，这种雪鸡是夏尔巴人狩猎的主要猎物之一。如今禁猎了，雪鸡的数量越来越多了。

【照片档案 308】

图片说明：蛇

拍摄时间：2013 年 7 月

拍摄地点：藏嘎村

口述者：尼玛

【照片口述】

这是一条误入公路的蛇。夏尔巴人很少捕蛇，不过以前也会有人将蛇的骨头做成念珠。

【照片档案 309】

图片说明：红猴

拍摄时间：2017 年 3 月

拍摄地点：藏嘎村

口述者：昂给

【照片口述】

这是被夏尔巴人叫作“多来”的红猴，在陈塘周边很多。

【照片档案 310】

图片说明：蚂蟥
拍摄时间：2016 年 9 月
拍摄地点：嘎玛沟

【照片口述】

在陈塘镇周边的阴暗潮湿之处，生存着可怕的生物——蚂蟥。当你发现脚下流血的时候，可能已经被它叮咬上了。C.K. 霍华德 - 伯里先生也在这里饱受蚂蟥之苦，“它们爬到我们的帐篷上，又掉进我们的食物里、杯子里和盘子里”，然后“有人在当地牧民的小屋里拿了一些干竹子，他们在我们搭的帐篷边上烧起了这些竹子，希望通过这种方式来驱赶蚂蟥”。同行的队员发明了最好的方法杀死它们：“那就是用剪刀把它们剪成两半，我们的解说员抗议他这样做，他说这样会增加吸血虫的数量，因为剪断的两端都可以继续生长。”“由于这些可恶的吸血虫，我们整晚都被打扰，焦躁不安。”

附 录

夏尔巴人的野人传说

在珠峰东坡下密不透风的原始森林中，除了狗熊、雪豹等凶猛动物，传说还生存着野人。野人在夏尔巴语中称为“直”，有的体色是黄蓝色的，有的是灰白色的，比普通人高，长着与野牦牛一样粗的体毛。男性野人与女性野人对待捕获到的人的态度不一样：女性野人叫“米直”，据说她抓到人后，先是把人当作玩具，好好地戏耍一番，玩腻后再把人吃了；男性野人叫“琼直”，他抓到人后，则马上吃掉。

在陈塘周边，有一些地方与野人有关，如在日屋镇至陈塘镇的公路上，有个如今被定结县旅游局定名为“情人湖”的小湖，夏尔巴人说那里曾经是野人出没的地方。甚至从萨尔乡到日屋镇必须翻越的尼拉山，其身后的“阿妈直姆”雪山，也被认为与野人有关，阿妈直姆中的“直”就是指野人。

《西藏“野人”之谜》[1]一文中也有对陈塘野人的介绍：陈塘周围是杳无人烟的原始森林。居民在追猎途中有时与“野人”邂逅于密林中或小溪旁，但大多互相自行躲开；他们若主动追人，人们必须向山下绕着树木或巨石迂回而逃。因为“野人”体高力大，善于攀登，人若直线奔跑，或向上登爬，双腿赛不过他们；唯有下山或迂回前进，他们不如人机敏，他们的长发及女性大乳房妨碍行动，速度减缓，人才得以逃脱。[2]

1 陈乃文、张国英：《西藏“野人”之谜》，参见《今日中国（中文版）》，1984年第6期。
2 这与我在陈塘调查中所获的资料不符合。男性野人因为头发长，遇到他的时候，要往上跑，男性野人因为头发会不时遮住眼睛而跑不快；遇到女性野人时，要往下跑，因为女性野人的乳房太大了，往下跑时，其重心会不稳而跑不快。

文中还记载了一位亲历者的口述：“陈塘村生产委员会的藏族委员耐穹，四十岁，1968 年前后去林中打猎，一天于半山腰处找到一个可供四五人住宿的洞穴。他见天色已晚，吃了点干粮后靠着篝火和衣而卧。午夜时分，他被怪叫及砸石块的声音惊醒。他定神一看，只见洞外的小径上站着一个并非猿猴的怪物。他比人高，全身灰白毛，头发较长，双目炯炯有神，在火光辉映之下，全身发出白光。他正不断用石头砸过来，并发出怪叫声以示威胁。洞穴上方似乎也向下压得发出噼啪的断裂声。耐穹吓得不敢动弹，只得将备好的树枝不断架在火上燃烧，以防‘野人’逼近。‘野人’如此打闹了两三个小时后，天色渐白，才逐渐退走。据耐穹猜测，可能是他占据了他们的洞穴，因而受到攻击。”

除了亲历者的说法，陈塘也流传着一些关于野人的传说。比如在定日县的卡达溪卡与陈塘之间的朋曲藏布边上，有座宁玛派寺院“打索寺”[1]。某天，一对野人闯入寺中，喇嘛用尽所有的法术，却没有逃过被吃掉的命运。有个逃出来的喇嘛请求陈塘的洛本法师宗巴旺久过去杀野人。宗巴旺久答应后，来到打索寺后，先用干草做出个稻草人。当野人经过稻草人时，认为这是个真人。当野人攻击稻草人时，宗巴旺久伺机射出毒箭，杀死了其中的一个野人。

宗巴旺久把野人的头砍下来带到陈塘，与在乌布其桥上砍杀的藏在嘎玛藏布水中的水怪头一起埋了起来。如今这个埋葬的地点很多陈塘人都能指出来，它在普琼家附近的耕地里，上面压着两块石头。普琼是宗巴旺久的后裔，也与先祖一样，为梯格巴中的孔玛族姓。2015 年 1 月，普琼曾目睹闭关出来的喇嘛在这两块石头上举行相关法事，让地下的野人

---

1 打索寺距定日县曲当乡有约两天的徒步路程，位于朋曲藏布东岸，为日屋镇至曲当乡的山道及沃雪村至曲当乡山道的必经之处。

与水怪不能作祟。近几年有传闻说，有人悄悄地把石头下的野人头及水怪头给挖了出来，偷走了，所以很多陈塘夏尔巴人怀疑地下的两个头骨是否还在。

【照片档案 311】

图片说明：在普琼家的野人遗址举行“压胜”仪式
拍摄时间：2015 年 3 月
拍摄地点：陈塘镇

传说，丧偶的野人顺着朋曲藏布往下，意欲袭击陈塘报仇。宗巴旺久听到消息后，迎头而上，与野人斗智斗勇，最终用毒箭射死野人。他是与弟弟一起去伏击野人的，只是快到山顶时，弟弟累坏了，没跟着哥哥一起。就在弟弟休息时，他与野人相遇于比塘村上面的“四仁玛”山顶。虽然野人没有当场被宗巴旺久杀死，跑掉了，但野人也被他射出的毒箭射中。宗巴旺久在与野人的搏斗中也受了重伤，在弟弟的帮助下回到陈塘后，不久就不治身亡。后来大家在宗巴旺久与野人搏斗的地点附近发现了野人的尸体。原来野人中箭后也毒发而亡。

【照片档案 312】

图片说明：仪式上带长矛与弓箭的男子
拍摄时间：2014 年 1 月
拍摄地点：陈塘镇

宗巴旺久去打索寺杀野人的传说还有另一个版本。打索寺的周边经常有野人出没，可是寺里的喇嘛却对野人无可奈何。一次，陈塘有九个信徒去打索寺朝拜，晚上他们一起睡在半路上的一座房屋内。有个人睡不着，走出房屋，看到月亮又圆又大，为了更好地观赏月亮，于是他爬到一棵大树的顶端赏月观景。不久，他看到有个野人抱着大石头，来到房内，把其他八个人给压死了。野人清点尸体的时候，发现有九床被子，可是只有八具尸体，于是野人就四处找寻这个“漏网之鱼”。由于他藏在树顶上，见状后又屏住呼吸，所以没有被野人发现。野人走后，他急急忙忙地赶回陈塘，把野人的事情在第一时间告诉了宗巴旺久。于是宗巴旺久带着刀与毒箭往打索寺走，最后把毒箭射入野人心脏，野人毒发身亡。

为了证明他杀死了野人及遵守大猎物的头要拿回陈塘的狩猎传统，宗巴旺久割下野人的头，带回陈塘，与鳄鱼水怪的头一起埋了起来。

后来，又有一只野人朝着陈塘走了过来，洛本法师多琼于是与弟弟一起去猎杀他。弟弟走到“隔珠玛”[1]的高山牧场时，贪恋牧民的牛奶、酥油等食物，就要赖不走了。无可奈何的多琼只好独自一人往前走。不久，他看到野人正专心地在地上找野人的主食——蚂蚁，并没有发现他。于是多琼准备好弓箭，大叫一声“嘿”，就在野人转头的时候，他射出毒箭，正中野人心脏。野人死后，不知为什么，多琼没有把野人的头割下带回来。当他走到藏嘎桥时，就感觉身体不适，挣扎着回到陈塘后，家人用尽各种方法，请来各种法师，为他举办各种法事，也没能挽救回他的生命。这是因为多琼没有遵守猎人的规矩——把猎物野人的头骨带回来，所以灵魂被“勾”走了，失去魂魄的他自然活不长久。

夏尔巴人对待野人这种“超级”动物并没有怯懦地逃避，而是勇敢面对，甚至与其厮杀决斗，利用毒箭的巨大威力，最终获得胜利。这也从一个侧面反映了当时夏尔巴人定居陈塘时，直面凶猛动物的无畏勇气及担当。

还有一个野人传说，则体现了陈塘夏尔巴人莫大的智慧。嘎玛藏布上游的萨基塘与乔木的瑟[2]中间有一个叫“拉巴”的地方曾经生活着一群野人，他们严重地威胁着陈塘夏尔巴人的生产生活秩序及生命安全。可是人们又打不过、杀不了身高体壮、力大无比的野人。经过仔细耐心的观察，陈塘夏尔巴人发现野人喜欢模仿人类的行为，于是想出了一个好办法。

---

1 隔珠玛：沃雪村上方的高山牧场。

2 最高处纬度为：北纬 27° 90′，经度为：东经 87° 26′，海拔高度约为 4300 米。

大家背着很多桶鸡爪谷毒酒、大量铁刀及大量与真刀相似的木制弯刀来到拉巴山下。准备妥当后，人们就开始假装吸酒，露出快乐的笑容；之后，人们又拿起木制刀假装进行决斗，并纷纷装出被刀砍后，愉快地躺倒的样子。然后夏尔巴人留下鸡爪谷毒酒和真刀，带上木刀悄悄地回到陈塘。人们一走，山上的野人纷纷下山，模仿夏尔巴人的举动，先吸下大量的鸡爪谷毒酒，然后用真刀进行决斗。有一个怀孕的女野人，因为肚子及乳房都很大，所以下山时走得很慢，她只能一边下山，一边叫喊着："给我留一点，给我留一点。"可是等她来到山下时，所有的野人不是被毒死，就是被其他野人砍死。

伤心欲绝的女野人与其遗腹子最后不知所终。当问及宗巴旺久及多琼射杀的两个野人是不是女野人的后代或者有无联系时，当地人的回答很有意思：宗巴旺久及多琼杀的两个野人，是陈塘夏尔巴人亲眼见到过的；而拉巴地方的野人，比他们早，那是老人们口中的传说，谁也没有亲眼见到过，所以不知道这传说的真假。

而远在千里之外的西藏嘉黎县的忠玉乡也有类似的野人传说[1]，这是否说明了古时的陈塘与外界的交流可能比想象中紧密？或者说这种版本的野人传说源自一个未知的模板？

1 详见范久辉著《忠玉：猎人谷传奇》一文。

口述者资料

【口述者资料 01】

多吉平措

男，夏尔巴人。

1955 年出生，比塘村村民。有多种身份：藏医、制帽师、裁缝等，陈塘最著名的洛本法师，是民间组织“陈塘镇洛本联合会”的会长。其父扎西次仁是陈塘的著名人物，人称“陈塘扎西”，曾为陈塘最好的骨科藏医。扎西次仁自 1976 年开始在定结县委统战部工作，1990 年亡于任内。其族姓为梯格巴族姓下的贡布日松巴小族姓。

【口述者资料 02】

尼 玛

男，夏尔巴人。

1973 年出生，修修玛村村民。20 岁被林芝市的武警部队招为内卫。三年期满复员，在拉萨建设银行当保安，后回陈塘做代办员，承包小工程、做小生意。娶尼泊尔籍的妻子后，一起贩卖来自尼泊尔的首饰与牛肉，还利用家里的一楼开了个小卖部，每年 5、6 月份也会上山挖冬虫夏草及贩卖它们。其族姓为梯格巴族姓下的贡布日松巴小族姓。

【口述者资料 03】

尕 米

男，夏尔巴人。

1943 年出生，比塘村参根加姆组人，1985 年陈塘撤区建乡时，被选为陈塘乡第一任乡长。20 世纪八九十年代，在他的大力劝说下，陈塘的婚礼进行了一些简化。其族姓为冲巴族姓下的嘛呢崩巴小族姓。

【口述者资料 04】

米 玛

女，夏尔巴人。

1976 年出生，比塘村村民。是三个孩子的母亲。为陈塘居必堪卓玛法师，6 岁开始师从老师“阿必次次”，收有徒弟边巴。其族姓为梯格巴族姓下的贡布日松巴小族姓。

【口述者资料 05】

阿旺洛丹

男，藏族。

1950 年出生，珠峰第一乡——扎西宗乡人，为绒布上寺僧人；42 岁出家后，一直在绒布上寺修行。

【口述者资料 06】

拉　巴

男，夏尔巴人。

1978 年出生，比塘村村民。具有丰富的野外狩猎经验。其族姓为冲巴族姓下的基姆参玛小族姓。

【口述者资料 07】

拉巴丹增

男，夏尔巴人。

1972 年出生，沃雪村村民。出身于喇嘛“世家”，14 岁开始学经。其族姓为冲巴族姓下的哒咕瓦小族姓。

【口述者资料 08】

多布吉

男，藏族。

1949 年出生，定结县曲当乡的优落村村民。是卡达溪卡最后一任秘书“冲英”的后代。

【口述者资料 09】

刘光福

男，土家族。

1952 年出生，重庆市石柱土家族自治县人。1972 年 12 月应征入伍，中共党员，曾在西藏日喀则定日县长所、定结县日屋、岗巴原 56206 部队所属分队卫国戍边，历任战士、副排长、排长、副连职干事、副指导员、指导员、副部队长等职务。长期从事思想政治工作，1988 年 10 月转业回原籍，在中国建设银行重庆市分行石柱县支行工作至退休。

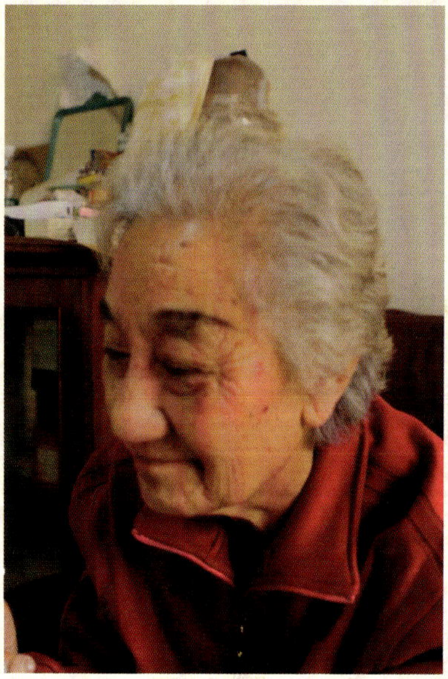

【口述者资料 10】

陈乃文

女，汉族。

1933 年出生，退休前供职于中国社会科学院民族学与人类学研究所，从事藏学研究工作。1980 年夏至 1981 年秋，陈乃文与张国英先生受中国社会科学院的委托，在日喀则地区进行民族学调查。她们于 1980 年 12 月到达陈塘，对夏尔巴人进行了细致的调查。

【口述者资料 11】

吉 阿

男，夏尔巴人。

1940 年出生，沃雪村村民。洛本法师，解放前有去尼泊尔的邦多、堪得巴日县等地打零工的经历。其族姓为梯格巴族姓下的龙牧马小族姓。

【口述者资料 12】

热 丹

男，藏族。

1927 年出生，定结县日屋镇村民。

【口述者资料 13】

昂 给

男，夏尔巴人。

1975年出生，比塘村参根加姆组村民。藏文好，常在婚礼或其他仪式中担任记账师。其族姓为冲巴族姓下的嘛呢崩巴小族姓。

【口述者资料 14】

拉 加

男，夏尔巴人。

1958年出生，那塘村村民。当了多年的陈塘镇镇长，但他的汉语并不好，当时陈塘建区的时候，没有合适的工作人员，于是就从当地的积极分子中培养（陈塘人说比较特殊）。其族姓为那巴，相传是从定日县卡达溪卡迁徙过来的藏族。

【口述者资料 15】

洛 坚

男，夏尔巴人。

1944 年出生，藏嘎村村民。1977 年，西藏自治区党委、自治区革命委员会组织了一个由边境少数民族组成的参观团赴内地参观学习，洛坚是其中的一员。那是陈塘夏尔巴人第一次以代表的身份去首都北京参观。其族姓为梯格巴族姓下的贡布日松巴小族姓。

【口述者资料 16】

塔 杰

男，夏尔巴人。

1952 年出生，修修玛村村民。洛本法师，其持有据传是陈塘镇最古老的洛本法本。其族姓为梯格巴族姓下的贡布日松巴小族姓。

后 记

公路终于直达陈塘镇了。自20世纪60年代开始，政府就有意修通到陈塘的公路，可惜几经波折，直到2012年，公路才修到陈塘镇脚下的藏嘎村。

发生于2015年4月25日的尼泊尔大地震，也让地处高处的陈塘镇受损不少，虽然国家斥巨资进行了灾后重建，但不通公路的现实使灾后重建多了许多艰难。或许是此原因，人们终于对公路开了绿灯。

2005年，因为某个户外穿越活动，我徒步到陈塘。机缘巧合之下，我生平第一次记录下夏尔巴堪卓玛女法师举行仪式的影像资料，深具魅力的夏尔巴文化令我着迷。随着日后的深入接触，夏尔巴人隐藏的精彩逐渐展现出来，经过这十余年的坚持，我对夏尔巴人也有了一些粗浅的了解。在调查中，我一直把自己当作一个旁观者而非参与者，希望能客观如实记录夏尔巴人的当下，尤其是陈塘镇通公路之前的状态，这是本书写作最大的初衷。奈何我天资愚钝，理论匮乏，若此书某些方面让人感到迷惑，那是因为我笨拙的笔触没能写出夏尔巴人万分之一的精彩，以及浑浊的眼睛只能看到其博大精深文化的沧海一粟。

我想让这本书打开一扇窗，透露出夏尔巴人在喜马拉雅秘境中关于生存、斗争、力量、和谐及很多很多的其他。在生存的层面上，并没有好与坏、善与恶、对与错。这里的夏尔巴人没有被贴上“珠峰向导、珠峰背夫”的标签，他们孤独地生活在喜马拉雅秘境中的一隅，珠峰的喧嚣与他们无关。在关于狩猎、刀耕、火种、试婚、巫幻、血祭、神谕的传统中，他们存在了数百年。没有外界的侵扰，他们用太阳般的热情、坚韧的双手和嘹亮的歌喉在这里顽强地生存着，并保持及创造着神秘、独特的夏尔巴文化。

我想，追求纯净的文化和追求纯净的种族一样，都是一种闭门造车式的想当然。民俗并不是一种需要被定义的哲学观念，而是生活中一再出现的元素。正是对民俗的接受程度以及由它所产生的影响之强弱，证明了这种文化是否依然存在于世。

若从这点上思考，夏尔巴人长期生活于封闭的恶劣环境中，故其文化保存得相对完整。相对弱势的民俗，在逐渐加快的现代化进程中也会不断受到冲击。其变化、变异，抑或某个环节、某个方面消失是有可能的，也是正常的。

需要特别说明的是，书中部分图片的拍摄日期并非2005—2016年这个时间段，但因其独特、珍贵的文献价值，我仍决定将其收录于书中。此外，我尽量与书中出现的相关人物取得了联系，获得他们的许可，但由于种种原因，还有一些人没能联系上。如果这些朋友看到本书，可与我或者出版社联系。

此书谨献给陈塘的夏尔巴兄弟姐妹，谢谢你们的信任、无私帮助及甜美绵长的鸡爪谷酒，感谢你们对我敞开心扉并赐予我人生中最好的陈塘时光。它是生命中最深的烙印，在每一个无眠的深夜，你们与我共舞。

感谢给我帮助的所有人！陈兵、杨柳松、仝海明、谢继胜、卢颖、陈乃文、陈明桃、郭虹、王海燕、任传龙、白银、郭星星、龙虎林、张羽芊、李应强、夏吾卡先、德庆多吉等诸多给我无私帮助的兄弟朋友，还有我的家人，因为有你们默默的支持，我才能坚持下来。特别感谢陈塘的洛本法师多吉平措、巴桑、群培，堪卓玛米玛、边巴、次仁玛，喇嘛拉巴丹增，以及所有对我坦诚相待的采访对象。还有兄弟尼玛、巴桑、安吉，谢谢你们耐着性子为我做翻译。

范久辉

2024年